U0960016

虚拟商业社会环境
实训教程

胡杰林　刘　妍　主　编

孟繁颖　王浩宇　王秋洋　赵海兰　焦　洋　副主编

天津大学出版社
TIANJIN UNIVERSITY PRESS

内容简介

本书根据高职高专学生的知识层次、认知水平和接受能力，以制造业企业为例，分别介绍了企业的组织结构、岗位及其职责、运营方式、企业文化、公司注册方式等创新创业过程中的必备知识；以 VBSE 虚拟仿真商业环境实训为依托，让学生在实训中模拟企业建立的基本过程，掌握创新创业的思维以及方向。

本书内含大量案例、图片及表格，形象生动地介绍了一个企业从无到有的过程，深入浅出地将创新创业的意识传递给学生。本书可以作为高职高专学生创新创业课程的通识类教材，也可以作为有创业意向的在校生及毕业生的参考工具书。

图书在版编目(CIP)数据

虚拟商业社会环境实训教程/ 胡杰林，刘妍主编
. —天津：天津大学出版社，2019.10
ISBN 978-7-5618-6547-7

Ⅰ.①虚… Ⅱ.①胡… ②刘… Ⅲ.①企业经营管理
－应用软件－高等职业教育－教材 Ⅳ.①F272.7-39

中国版本图书馆CIP数据核字（2019）第225522号

出版发行 天津大学出版社
地　　址 天津市卫津路92号天津大学内(邮编:300072)
电　　话 发行部:022-27403647
网　　址 www.tjupress.com.cn
印　　刷 天津泰宇印务有限公司
经　　销 全国各地新华书店
开　　本 185mm×260mm
印　　张 7.25
字　　数 181千
版　　次 2019年11月第1版
印　　次 2019年11月第1次
定　　价 25元

序

用虚拟现实技术推动国际教育发展

“一带一路”倡议是世纪性的系统工程，不仅标志着我国发展战略和外交战略新的开端，也是中国教育改革、国际教育发展的新命题。教育部在《推进共建“一带一路”教育行动》中提出，“教育为国家富强、民族繁荣、人民幸福之本，在共建‘一带一路’中具有基础性和先导性作用。教育交流为沿线各国民心相通架设桥梁，人才培养为沿线各国政策沟通、设施联通、贸易畅通、资金融通提供支撑”。天津市作为现代职业教育改革创新示范区，从2016年开始在“一带一路”沿线国家搭建“鲁班工坊”平台，把优秀职业教育成果输出国门，与世界分享，成为“一带一路”上的技术“驿站”。

技术连接教育变革，创新推动教育发展。新道科技股份有限公司作为教育服务型企业，我们希望通过先进技术的应用，改变教学和学习场景，此次与天津渤海职业技术学院联合推出“鲁班工坊”系列教材，就是希望通过产教融合把创新的协同育人模式与“一带一路”倡议相连接，推进国际教育繁荣。

虚拟现实被认为是21世纪重要的发展学科以及影响人们生活的重要技术之一，新道科技股份有限公司率先将VR/AR技术融入商科实践教学，通过软硬件结合，首创ARE人机交互“场景式教学”平台，在教学方法、教学内容和教学环境上实现了重大突破，践行了用技术引领中国实践教学发展、服务中国教育事业的使命。

在这个平台中，教师可以进行企业情境构建和业务仿真案例解析，学习者可以体验与现实场景一样的行业工作情境。这种教学模式最大的特点在于：①实现了商科实践教学的可视化；②通过全脑学习，培养学生的全局观和系统化思维；③形成多感官刺激、多维度视听感受的氛围，大大激发了学生学习的主动性，增强了学习的情境感和沉浸感。这种“虚拟现实场景＋真实业务内容”的混合模式，更有利于提高学生就业后的岗位适应力和胜任力，可帮助高职院校学生实现情境化学习、协作式学习、自主性学习、探究式学习、对抗性学习等各种形式的学习实践活动。此种教学模式，既是商科类的“工程实践创新”，又是对商科专业实践课程改革的一次尝试，具有极其重要的普及意义。

“鲁班工坊”系列教材的出版，既是现代职业教育体系建设与创新的重大举措，也是积极响应并服务国家“一带一路”倡议的具体行动。同时，此教材也将会通过“鲁班工坊”平台，提供给与我国有国际合作的国家的学生进行学习，让ARE实践教学平台“走出去”，服务国际教育！

目　　录

模块一　认知企业

任务一　认知企业组织结构

企业是指在市场经济条件下，以营利为目的，直接组合和运用生产要素，从事商品生产、商品流通或服务性活动，为满足社会需要依法进行自主经营、自负盈亏、独立核算的法人实体和市场竞争主体。

任何一个企业都有与其企业类型相适配的组织结构。企业组织结构是企业全体职工为实现企业目标，在管理工作中进行分工协作，从而在职务范围、责任、权利方面形成的结构体系。企业经营管理涉及企业的战略制定与执行、市场营销、采购与生产管理、财务管理等多项内容。在企业中，这些职能是由不同的业务部门履行的，企业经营管理过程也是各部门协同工作，共同努力实现企业目标的过程。

一、企业的构成要素

（一）人员

人员主要包括生产经营人员和管理者。人员是推动企业运营的主体，人员是企业所有资源中最宝贵的资源。

（二）资金

资金是指支撑企业建立与运营的各类资金。资金的数量和周转速度是企业生存和发展的保证。如何筹集资金、用好资金，是每个企业都要面临的一个重要课题。

（三）物资设备

物资设备是指企业的厂房、设备以及各种物质材料。它是企业从事生产经营活动的客观条件和物质基础，物资设备的数量、质量和技术状况对企业的生产经营和运转有很大的影响。

（四）时间

时间是指企业可以用来支配的时间。它是企业经营中极为宝贵的稀缺资源。在激烈的市场竞争中，时间就是金钱。

（五）信息

信息是指一切有关企业生产经营和管理的信息。信息是企业运营的神经，信息的全面性、及时性、准确性、实用性和经济性直接影响着企业的正常运转。

上述五个要素共同构成了企业的有机体，缺一不可。

二、企业的基本特征

(一)组织性

企业是由人组成的有机系统,它有明确的目标,有系统化的组织体系,有自我生存发展的能力,是一个生态有机体。

(二)经济性

企业作为一种社会组织,从事一定的经济活动,发挥特定的经济功能,即主要提供产品或服务以满足社会的需要。

(三)商品性

企业作为经济组织,不同于自给自足的自然经济组织,它是商品经济组织。其经济活动是围绕市场进行的。不仅企业的投入和产出是商品,而且企业自身也是商品,其产权可以有偿转让。

(四)营利性

企业作为商品经济组织,是以获取利润为目的的,它通过生产、销售某种商品,进行资本经营,追求资本增值和利润最大化。

(五)独立性

企业是独立的法人,它自主经营、独立核算、自负盈亏,具有法人地位与权利。

三、企业的类型

(一)按照企业财产的组织形式分类

按照企业财产的组织形式分类,企业可分为个人独资企业、合伙企业和公司制企业。

1. 个人独资企业

个人独资企业是指由一个自然人投资,财产为投资人个人所有,投资人以其个人财产对企业债务承担无限责任的经营实体。个人独资企业属于自然人企业。该类型企业的所有权和经营权归于一体,经营灵活,决策迅速,但由于财力有限,信用不足,难以从事有规模的经营活动,投资者对企业债务承担无限责任,经营风险较大。

2. 合伙企业

合伙企业是指两个或两个以上自然人按照协议,共同出资、合伙经营、共享收益和共担风险的企业。合伙企业不是法人,属于特殊的自然人企业。

该类型企业的合伙人共同筹资,扩大了资金来源,能从事一些资产规模较大的生产和经营活动,但企业经营决策需要全体合伙人达成一致,因而决策缓慢、协调困难,合伙企业实行无限连带责任,增加了投资风险。

3. 公司制企业

公司制企业是指由众多投资者建立的在法律上具有独立人格的经济组织,拥有自己的法人财产,享有民事权利,承担民事责任,是法人企业。公司制企业是现代企业形式,成立公司的基础是公司章程,它是公司成员共同的行为标准,同意者即可加入公司。只有公司章程符合相关法律规范,公司才会被允许注册登记并成立。该类型企业股东以投资额为限对公司负有有限责任,公司以全部法人财产对债务负有限责任,股东投资风险较小,但设立程序复杂,缺少灵活性。《中华人民共和国公司法》将公司分为有限责任公司和股份有限公司。

有限责任公司是指由两个以上的股东共同出资,股东以其出资额为限对公司承担有限责任,公司以其全部资产对其债务承担责任的企业法人。有限责任公司是公司的一种重要组织形式,也是存在数量较多的一种公司类型。

股份有限公司是指注册资本由等额股份构成,股东以其认购的股份为限对公司的债务承担责任,公司以其全部资产对公司债务承担责任的企业法人。股份有限公司是典型的现代企业制度形态。

(二)按照企业的组织结构形式分类

按照企业的组织结构形式分类,企业可分为单一企业、多元企业、经济联合体、企业集团和连锁企业。

1. 单一企业

单一企业是指一家工厂或一家商店就是一个企业。其经营项目比较专业化或具有相同的生产过程。其独立地承担法人财产责任和经营责任,自主经营,自负盈亏。

2. 多元企业

多元企业是指由两个以上的工厂组成的企业,是按照专业化、联合化与经济合理的原则,由若干个工厂组成的企业法人,例如装配厂与所需零件生产厂组成的联合企业。

3. 经济联合体

经济联合体是指由一些企业组成的、松散但相对稳定的经济联合组织。参加联合的各方不改变各自的领导体制与隶属关系,本着自愿、互利、获取效益的原则,在生产、科研、技术、设备、劳力、物质及销售等方面联合。各方仍然独立核算,并按照等价有偿的原则,进行产品配套、物质协作与技术转让等生产经营活动,以提高各自的经济效益。

4. 企业集团

企业集团是指以资产为纽带建立起来的,由若干独立企业法人组成的企业群体组织,是由独立核算企业组成的联系较紧密的复合组织。其核心是在技术、经济和资金方面实力雄厚的集团公司通过控股、参股来影响一批企业的经营方向和经营活动。

5. 连锁企业

连锁企业是指由一个资本或核心企业统一经营和管理众多企业或店铺的企业群体。连锁企业具有企业集团性质,但由于其特殊性,须单独加以说明。连锁店被广泛地应用于商业服务等领域,已成为现代零售业的主流。连锁企业要发挥其连锁效应,必须具备如下基础:理念连锁、企业形象识别系统连锁、商品组合服务连锁、经营管理连锁。

(三)按照企业所有制性质分类

按照企业所有制性质分类,企业可分为国有企业、集体企业、私营企业和混合所有制企业。

1. 国有企业

国有企业是指资本全部或主要由国家投入,其全部资本或主要股份归国家所有。国有企业规模较大、技术设备较先进、技术力量强,是我国国民经济的主导力量。

2. 集体企业

集体企业是指生产资料归群众集体所有的一种企业形式，是社会主义公有制经济的重要组成部分。

3. 私营企业

私营企业是指企业的资产归私人所有，在我国，这类企业由公民个人出资兴办并由其所有和支配，而且其生产经营方式是以雇佣劳动为基础，是我国社会主义市场经济的重要组成部分。

4. 混合所有制企业

混合所有制企业是指由公有资本（国有资本和集体资本）与非公有制资本（民营资本和外国资本）共同参股组建而成的新型企业形式。混合所有制企业的出现是伴随着改革开放的深入、现代企业制度的确立以及股份制企业的涌现而出现的新兴的企业组建模式。

（四）按照企业的行业性质分类

按照企业的行业性质分类，企业可分为工业生产企业、商品经营企业和服务企业。

1. 工业生产企业

工业生产企业包括生产加工企业、工程与服务企业和工商一体化企业。

生产加工企业是指生产各种产品或进行产品加工的企业。绝大多数的工业企业都属于这一类。工程与服务企业是指从事各种建筑、安装、施工、运输、储存及其他工业服务的企业。工商一体化企业是指集生产与销售于一体的企业。许多现代公司都属于这一类。

2. 商品经营企业

商品经营企业包括批发企业和零售企业。批发企业是指将生产企业的产品转售给零售企业用于再销售或供给生产企业用作生产资料的企业，其进行的交易多为大宗交易。零售企业是指通过商品销售直接满足消费者需要的商业企业，其特点是零星销售、交易频繁。

3. 服务企业

服务企业包括餐饮服务企业、金融保险企业和咨询中介企业。

餐饮服务企业包括专门从事食品加工与烹制的餐饮企业，提供各种洗浴、美发、娱乐的服务企业以及集餐饮、住宿及其他服务于一体的现代饭店企业。金融保险企业是指为社会提供金融保险服务的银行、保险公司等企业。咨询中介企业是指专门提供各种智力产品和其他中介服务的企业，例如会计师事务所、各种中介公司等。

四、企业的基本职能

企业的基本职能是指企业的存在与运行在社会发展中所处的地位与所扮演的角色和对社会所发挥的有利作用。它是企业存在的依据，是决定企业生存与发展的根本因素。企业的基本职能是从事生产、流通和服务等经济活动，向社会提供产品与服务，以满足社会需要。

工业企业是最早出现的企业，它是指为满足社会需要并获取利润而从事工业性生产经营活动或工业性劳务活动，自主经营、自负盈亏、独立核算并且有法人资格的经济组织。工业企业的基本职能是通过工业性生产活动即利用科学技术与设备改变原材料的形状与性能,为社会生产所需要的产品。其具体特征如下。

(一)工业企业是以营利为目的的经济组织

工业企业作为经济组织,必须追求经济效益并获得盈利,盈利是企业生产经营活动取得成果的体现,也是企业生存和发展的基础。它有别于公安、检察院、法院等政权组织,还有别于学校、医院等事业单位。

(二)工业企业是从事工业生产经营活动或提供工业性劳务的经济组织

工业企业在生产经营方向、经营方式等方面有别于农业、商业、建筑业、运输业、金融业、邮电业等企业。

(三)工业企业是自主经营、自负盈亏、独立核算的商品生产者和经营者

工业企业作为经济组织,必须拥有一定的人力、物力、财力资源,还必须拥有充分的独立经营自主权,包括资产的处置权和产品的生产销售权等。在市场经济条件下,企业必须是商品的生产者和经营者,是市场交易的主体。

(四)工业企业是具有法人资格的经济实体

工业企业作为依法成立的具有法人资格的经济实体,必须具备以下三个条件:①必须正式在国家工商管理部门注册备案;②必须有特定的名称、固定的经营场所、一定的资金、一定的组织机构和企业章程;③能独立对外行使法定权利和承担法律义务,就是说工业企业作为法人单位,其合法权益受到法律保护并能直接承担经营活动中的法律责任。

任务二　认知岗位及其职责

一、企业内部组织机构

企业要想有效地实现组织目标,就必须对组织工作进行分类,对组织人员进行分工,让每个员工明确自己从事的工作,明确个人在组织中所处位置,明确权利和义务,从而保证每个人有效地完成任务,使组织保持一种和谐关系。

企业组织结构形式,从传统管理到现代管理,有多种模式。企业一般根据企业的管理要求和目标的不同设置企业组织结构(图1-1)。

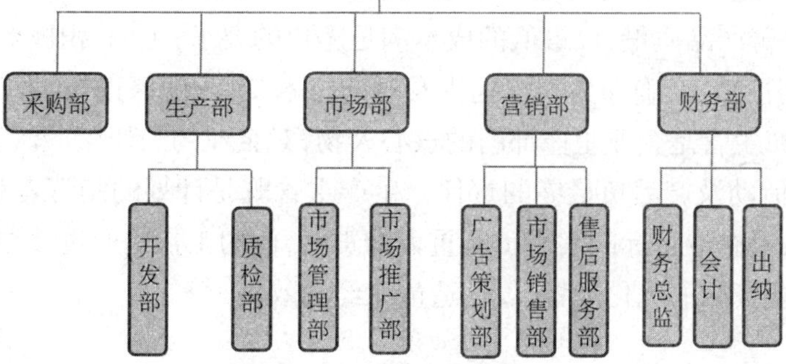

图1-1　企业组织结构图

二、企业岗位认知

（一）总经理岗位认知

总经理是对整个企业的管理负有全面责任的人，处于管理层的最高层。他们的主要职责是：制定组织的总目标、总战略，掌握组织的政策方针并评价整个组织的绩效；开拓进取、改变现状、为组织发展创造机会；合理配置资源，协调好各方面的利害关系。总经理关心的是组织完整的长期的战略规划。

总经理应具备的能力主要包括战略规划和预见能力，保持安静平稳情绪的能力，洞察分析和果断决策的能力，克服困难和追求成功的能力以及创新能力，领导能力，团队合作能力，组织能力，协调能力，应变能力，人际沟通能力。

（二）市场主管岗位认知

市场主管负责分析市场环境，把握市场机会，制定公司市场营销战略和实施计划；对企业市场营销计划进行控制和监督；负责企业营销组织建设与激励工作；协助总经理制定企业总体发展规划以及战略目标（销售目标＋财务目标）；为企业提供准确的行业定位，及时提供市场反馈信息；制订和实施年度市场推广计划和新产品开发计划；依据市场变化随时调整营销战略与营销战术；制定企业品牌管理与发展策略；管理、监督和控制企业市场经费使用情况。

（三）销售主管岗位认知

销售主管要进行需求分析和销售预测，确定销售部门的目标体系，制订销售计划和编制销售预算，建设与管理销售团队，进行客户管理，确保货款及时回笼，分析与评估销售业绩。企业的利润是由销售收入带来的，销售收入是企业生存和发展的关键。销售和收款是企业的主要经营业务之一，也是企业联系客户的门户。为此，销售主管应结合市场预测及客户需求制订销售计划，有选择地进行广告投放，取得与企业生产能力相匹配的客户订单，与生产部门做好沟通，保证按时交货给客户，监督货款的回收，进行客户关系管理。

（四）生产主管岗位认知

生产主管负责制订、落实生产计划；落实质量管理制度，监控质量目标的达成情况；规划、配置和调动生产资源，保证及时交货；优化生产组织过程，推动工艺路线的优化和工艺方法的改进，扩充并改进生产设备，不断降低生产成本；负责公司生产、安全、仓储、保卫及现场管理方面的工作。此外，生产主管还负责研究制订开发计划，组织新产品开发并进行有效的项目管理；持续改善产品质量，以最低的成本满足客户的要求；主动、积极地研究新技术。降低产品成本，提高性价比；确保为客户提供及时的技术支持；确保正在生产的产品和新产品的正常生产。生产主管是企业生产部门的核心人物，对企业的一切生产活动进行管理，并对企业的一切生产活动及产品负最终的责任。生产主管既是计划的制订者和决策者，又是生产过程的监控者，对企业目标的实现负有重大的责任，他的工作是通过计划、组织、指挥和控制等手段实现企业资源的优化配置，以创造最大经济效益。

（五）采购主管岗位认知

采购主管负责各种原料的及时采购和安全管理，确保企业生产的正常进行；负责编制并实施采购供应计划，分析各种物资供应渠道及市场供求变化情况，力求从价格上、质量上把好第一关，确保在合适的时间点采购合适的品种及数量的物资，为企业生产做好后勤保障；进行供应商管理；进行原料库存的数据统计与分析。采购主管负责制订采购计划、与供应商签订供货合同、监督原料采购过程，并按计划向供应商付款管理原料库等具体工作。

（六）财务主管岗位认知

财务主管的主要职责是对企业的资金进行预测、筹集、调度与监控。其主要任务是管好现金流，按需求支付各项费用、核算成本，做好财务分析；进行现金预算，采用经济有效的方式筹集资金，将资金成本控制在较低水平，管好、用好资金。如果说资金是企业的血液，财务部门就是企业的心脏。

任务三　认知工业企业运营

一、企业运营流程（图 1–2）

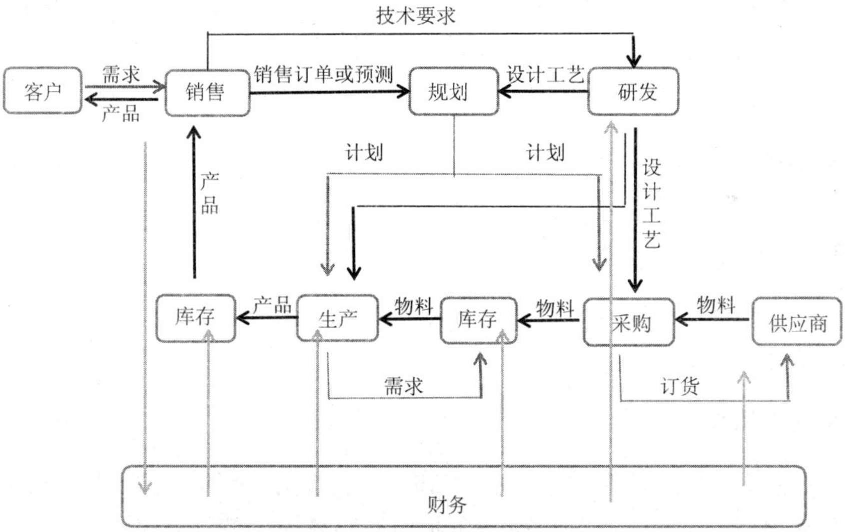

图 1-2　企业运营流程图

由于各企业的经济活动内容不同，其资金运动形式也有差异。在工业企业中，资金运动具体表现为经营资金运动。工业企业的主要生产经营过程可分为供应、生产和销售三个阶段。其中，供应阶段进行材料采购和储备，是货币资金转化为储备资金的过程。生产阶段会产生材料消耗，需要支付管理费及人工工资等，在这个过程中，经济业务使储备资金的一部分转化为生产资金，随着产品加工的完成及验收入库，又使生产资金转化为产品资金。销售阶段售出产品，收回贷款，使产品资金转化为货币资金，并且在一般情况下是数额增大的货币资金，这样就形成了一个的资金运动循环，如图 1-3 所示。

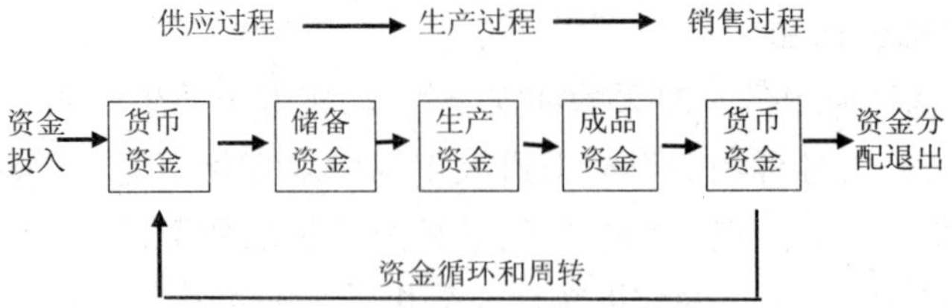

图 1-3　企业资金循环和周转图

二、企业财务状况

企业财务状况是指企业资产、负债、所有者权益的构成情况及其相互关系。企业财务状况通过企业对外提供的主要财务报告——资产负债表来表述。

资产负债表是根据资产、负债和所有者权益之间的相互关系，即“资产 = 负债 + 所有者权益”的恒等关系，按照一定的分类标准和一定的次序，把企业特定日期的资产、负债、所有者权益三项会计要素所属项目予以适当排列，并对日常会计工作中形成的会计数据进行加工、整理后编制而成的，其主要目的是反映企业在某一特定日期的财务状况。资产负债表的右边揭示的是企业的资金来源，主要包括负债和所有者权益两部分。企业取得经营所需资金后，需要用这些资金购买场地、设备等生产设施和原料等生产资料，因此资产负债表左边列示了资产项目，按资产的流动性大小排列。通过资产负债表，我们可以了解企业所掌握的经济资源及其分布情况；了解企业的资本结构；分析、评价、预测企业的短期偿债能力和长期偿债能力；正确评估企业的经营业绩。

三、企业的经营成果

企业在一定期间的经营成果表现为企业在该期间所取得的利润，它是企业经济效益的综合体现，通过利润表（又称损益表或收益表）来表述。

利润表是用来反映收入与费用相抵后确定的企业经营成果的会计报表。利润表的项目主要分为收入和费用两大类。

四、企业运营管理

运营是企业以市场为对象，以商品生产和商品交换为手段，为了实现企业的既定目标，使企业的投资、生产、销售等经济活动与企业的外部环境保持动态平衡的一系列有组织的活动。

管理是人们为达到预定目标，对管理对象进行有意识的计划、组织、指挥、协调和控制等活动。企业管理就是组织好人力、财力、物力、信息等资源，使其充分发挥资源效益，以实现企业目标。

企业运营管理主要包括以下五方面内容。

（一）战略管理

成功的企业一定有着明确的企业战略，包括产品战略、市场战略、竞争战略及资金运用战略等。全部管理活动的重点是制定战略和实施战略，而制定战略和实施战略的关键都在于对企业外部环境的变化进行分析，对企业的内部条件和素质进行审核，并以此为前提确定企业的战略目标，使三者之间达成动态平衡。战略管理的任务就在于通过战略制定、战略实施和日常管理，在保持以上三者动态平衡的条件下，实现企业的战略目标。

（二）营销管理

营销管理是为了实现企业或组织目标、建立和保持与目标市场之间的互利交换关系，而对设计项目进行的分析、规划、实施和控制。营销管理的实质是需求管理，即对需求的水平、时机和性质进行有效的调解。在营销管理实践中，企业通常需要预先设定一个预期的市场需求水平。然而实际的市场需求水平可能与预期的市场需求水平并不一致。这就需要企业营销管理者针对不同的需求情况，采取不同的营销管理对策，进而有效地满足市场需求，确保企业目标的实现。市场营销就是企业用价值不断来满足客户需求的过程。

（三）生产管理

生产管理是有计划、组织、指挥、监督、调节的生产活动。生产管理的目标是以最少的资源损耗，获得最大的成果。它是对企业生产系统的设置和运行的各项管理工作的总称，又称生产控制，通过生产组织工作，按照企业目标的要求，设置技术上可行、经济上合算、物质技术条件和环境条件允许的生产系统；通过生产计划工作，制定生产系统优化运行的方案；通过生产控制工作，及时有效地调节企业生产过程内外的各种关系，使生产系统的运行符合既定生产计划的要求，实现预期生产的品种、质量、产量、出产期限和生产成本的目标。生产管理的目的就在于做到投入少、产出多，取得最佳经济效益。

（四）财务管理

财务管理是在一定的整体目标下，对资产的购置（投资）、资本的融通（筹资）和经营中现金流量（营运资金）以及利润分配的管理。财务人员要清楚地掌握资产负债表、利润表的结构，通过财务报告、财务分析解读企业经营的全局，细化核算，支持决策；掌握资本流转如何影响损益；通过“杜邦模型”解读企业经营的全局；理解“现金流”的重要性，学会资金预算，以最佳方式筹资，控制融资成本，提高资金使用效率。

（五）人力资源管理

人力资源，是指能够推动经济和社会发展的劳动者的能力，人力的最基本方面包括体力和智力，如果从现实的应用形态来看，则包括体质、智力、知识和技能四个方面。企业人力资源管理是企业管理的一个重要组成部分，概括地说，它是为了实现企业战略管理目标，通过一整套科学有效的方法，对企业全体人员进行的管理。人力资源综合管理包括组织规划、招聘、人事在职离职档案、员工履历、劳动合同、奖惩、办公用品、医院保险、调动、培训、绩效、考勤、计时工资、计件工资、宿舍、员工自助、领导审批等方面的管理，其有助于提高内部员工的满意度、忠诚度及贡献度（即绩效），帮助管理者通过有效的组织管理降低成本和加速增长，从而创造价值链利润。

模块二　企业文化的建设

任务一　企业文化概述

一、企业文化的产生和发展

企业文化一词于1980年在美国《商业周刊》中首次出现，企业文化孕育于日本，产生于美国。20世纪六七十年代，日本企业在世界市场上的称雄令世界震惊，促使美国管理学界对管理理论丛林阶段的管理思想进行了反思和多角度的比较研究。在诸多研究中，学界形成了两点共识：一是揭示分析了西方传统文化与传统管理的不足之处，认为西方企业的管理忽视了人和人的感情因素、偏重吸收自然科学的研究成果而忽视吸收社会科学的研究成果，过分强调定量分析而导致形成了抽象无情的管理哲学；二是肯定企业文化在企业生存、发展中的关键作用，指出企业文化建设是日本经济腾飞的主要原因之一。受东方文化思想影响的日本企业管理思想，着眼于人的管理，着眼于人的情感和理智的协调，着眼于人与人之间的微妙关系。它并不完全以理性的标准来安置每一个人，而是尽力照顾到人的情感因素。因此，它是人性化的管理，在企业管理中产生了巨大的凝聚效应，为企业管理和企业发展开辟了一片新天地。企业文化的兴起，就其重视人的作用来说，可以说是西方行为科学发展理论的继续，但不是行为科学发展理论的简单重复。行为科学理论侧重于把心理学研究成果引入企业管理，企业文化理论侧重于把文化学的研究成果应用于企业管理，充分发挥文化的作用。

世界各地在对这些研究成果的学习和传播过程中，不仅使企业文化的概念更加普及开来，而且使各类组织也越来越深刻地意识到企业文化在企业经营管理中的重要作用。由此而向人们呈现的不仅是学术界层出不穷的研究成果，而且还有使人耳熟能详的实践领域的经验总结。诸如，休利特和帕卡德创立的“惠普之道”、韦尔奇在通用电气公司进行的“文化革命”、戴尔公司以客户为中心的企业文化、沃尔玛的营销文化、微软公司强调的“工作激情”“善于学习和独立思考”“危机意识”等。在我国，越来越多的企业认识到企业文化的重要作用，在实践中勇闯新路，不断探索企业文化建设的有效途径，并取得了令人欣喜的成效。例如，联想的创新文化、华为的“狼文化”，尤其是海尔创造的具有中国特色的“H理论”，其核心是主动变革内部的组织结构使其适应员工的才干和能力，最终实现人企共赢，它也使海尔走向了世界。

二、企业文化的含义

(一)企业文化的概念

不同学者对企业文化的定义各有不同，目前较为公认的观点认为，企业文化就是企业在长期的生存和发展过程中所形成的、为多数员工所共同遵循的最高目标、经营理念、价值标准和行为规范。

任何企业都是从建立起便开始逐步形成某种特定的企业文化的，企业文化在很大程度上决定了员工的看法和对周围世界的反应。企业文化反映一个企业的精神面貌，决定了企业内在凝聚力的大小。在现代管理中，企业文化的作用越来越为人们所重视。一个企业强大的核心是企业文化，随着经济全球化和区域经济一体化进程的不断加快，越来越多的企业开始认识到企业文化的重要性，一个企业的动力及凝聚力都来自企业文化，即便其短期内拥有技术等方面的优势，但如果没有成功的企业文化，长远来看企业也无法生存和发展。

理解企业文化需要注意以下几个方面。

第一，企业文化具有时段性。文化总是相对于一定时间段而言的，我们所指的企业文化通常是现阶段的文化，是对企业历史文化的继承和发展。

第二，企业文化具有共识性。只有达成共识的要素才能被称为企业文化，企业新提出的发展要素，如果尚未达成共识，在现阶段就不能被称为企业文化，只能说是将来可能达成的共识。当然，企业文化只是相对的共识，即多数人的共识。

第三，企业文化具有范围性。文化总是相对于一定范围而言的，我们所指的企业文化通常是企业员工普遍认同的部分。依据认同的范围不同，企业中的文化可以分为领导文化、中层管理者文化、基层管理者文化或部门文化、分公司文化、子公司文化等。

第四，企业文化具有内化性。企业所倡导的理念和行为方式一旦得到普遍的认同成为企业的文化，就必将得到广大员工的自觉遵循。

（二）企业文化的特征

1. 客观性

企业文化是在一个企业建立和发展的过程中形成的，是与企业相伴相生、如影随形的。无论人们承认与否、喜欢与否，也无论其被人们感知到多少、认识到什么程度，企业文化都会对每一名企业成员的行为产生一定影响，从而影响企业的发展变化。特别是企业理念要素，尽管人们看不见、摸不着，但它往往潜移默化地影响企业成员的思考、判断和言行。企业文化是客观存在的这种特性被称为客观性。

企业文化的客观性，并不是说人们在企业文化面前只能被动地接受。企业文化与其他客观事物一样，有其客观的内在发展规律。人们不但可以去了解和评价企业文化，而且也可以通过认识、掌握和遵循企业文化的内在规律来主动进行企业文化的建设与变革，培育和形成优秀的企业文化，使自发的企业文化成为自觉的企业文化，从而增强组织的文化竞争力。

2. 人文性

企业文化作为一种管理哲学，是以人为中心的，这也是企业文化与传统的以物为中心的管理思想的根本区别。工业文明最早诞生于西方，企业管理受古典管理理论的影响，把企业看作单纯的经济组织，把生产过程看作单纯的对物的运作过程，认为管理的主要对象是物，把人看作物（机器、产品）的附属品，忽视了人和人的情感因素。而企业文化理论这一充满东方人文色彩的管理哲学，有效地弥补了西方传统管理思想中的先天不足。所谓企业文化的人文性就是将企业内外一切活动都看作是以人为中心的活动。从企业内部来看，企业不应是单纯地制造产品、追求利润的机器，企业员工也不是单纯的经济人；企业应该是让员工发挥聪明才智、实现事业追求、和睦相处、畅快生活的大家庭。从企业外部看，企业与社会不应是单纯的商品交换关系，企业生产经营的最终目的是满足社会需求，促进人类社会的发展。

3. 个异性

世界上没有完全相同的两片树叶，也没有任何两个人的个性会完全相同。同样，任何两个不同的企业也不会有完全相同的企业文化。任何企业的企业文化都有其鲜明的个性。从外部看，每个组织所处的国家、民族、地域、行业等外部环境不同；从内部看，每个组织管理的特点、管理者的个人作风和员工的整体素质各不相同，因而没有完全相同的企业文化。企业文化的个异性，是企业文化的生命力所在。个异性决定了企业文化建设要从企业自身的历史和现实出发，紧密结合企业未来的发展目标，在遵循企业文化发展普遍规律的基础上，注重发现和突出特殊规律，体现个性特色，绝不能照抄照搬其他企业、其他行业或其他民族的文化。任何空洞的企业文化都不可能有持久、强大的生命力。

4. 社区性

企业文化是企业作为一个社会群体的存在样式，不应该把企业看作一个单纯的经济机构或生产机构，而应该将企业理解为一个社会组织，是现代社会的一种社区类型。将企业的公众细分为内部公众和外部公众。内部公众即企业员工；外部公众的范围则包含社区公众、顾客公众、媒介公众和政府公众。对内部公众而言，企业不仅是工作环境，而且是生活环境、交往环境，企业不光为员工提供了谋生手段，同时也为员工提供了满足更高层次需求的条件。对外部公众而言，企业应主动处理好与外部公众的关系，社区关系将直接影响企业的生存环境；良好的顾客关系能够给企业带来直接经济利益；良好的媒介关系有利于形成良好公众舆论；政府的支持是对企业最具权威影响力的认可和支持。

5. 相对稳定性

企业文化是在企业的长期发展中逐步形成的，是长期积淀的结果。企业文化一旦形成，便会成为企业发展的灵魂，不会因为组织结构的调整、领导人的更换、产品的更新而发生根本性的变化，它会长期在企业中发挥作用。需要注意的是，稳定性是相对的，随着企业内外经济条件和社会文化的发展改变，企业文化也应该不断调整、完善和升华。

【相关链接】

“星巴克”，企业社区文化发展之路

“星巴克”咖啡是一个强势品牌，但却很少做广告。一般认为，广告在建立强势品牌方面扮演着核心的角色，然而星巴克的经验表明，广告和强势品牌之间并不存在直接的逻辑关系。

星巴克走了一条完全不同的品牌建设之路。每当新产品推出之际，它的直接竞争对手麦当劳和Dunkin' Donuts就一掷千金大打电视广告，这是惯常的品牌推广模式。据统计，2006年麦当劳在美国的广告开支为7.82亿美元，Dunkin' Donuts为做广告花了1.16亿美元，相比之下，星巴克仅为3800万美元。

星巴克传统上有着一种反广告主义情绪。20世纪80年代末，星巴克开始从家乡西雅图朝外扩张，董事长霍华德·舒尔茨（Howard Schultz）就刻意强调社区化营销，星巴克从来都是将自己视为成千上万家转角咖啡馆的集合体，每个咖啡馆面向邻近居民，以店堂为营销中心进行推广。建立良好的社区关系，以顾客的口碑带动销售，是星巴克要倡导的经营方式。相应的，在理念方面星巴克强调所谓的“第三空间”，即成为消费者在家和办公室之外以休闲聚会和遐想为主的第三个空间。这个独一份的理念，让星巴克在一堆和它具有相同经营模式的咖啡馆连锁品牌中，以独特的形象，吸引了媒体和公众的持续关注。一个有趣的现象是，媒体和消费者自动成为了星巴克的“第三方认证”。媒体文章中，星巴克是时常不经意要提到的一个名字，一个各种社交活动和引发各种创意活动的温馨和友好的背景地点。当组织以动态和发展的眼光来认识和服务于目标公众时，就会促进组织稳定发展，实现双赢。

（三）创业企业的企业文化特征

相对于成熟企业来说，创业企业的企业文化除了具备成熟企业的文化特征以外，还应努力构建自己的鲜明特色，具体体现在以下几个方面。

1. 建设的关键在于创业者

创业企业的企业文化受创业者的人生哲学和综合素质的影响很大。首先，创业企业的企业文化往往可以反映创业者的综合素质和人生哲学。其次，创业者通过影响创业团队从而影响整个创业企业，形成以创业者为主导的企业文化。

2. 更强调人本思想

企业在创立的初期，规模一般比较小，用人机制比较灵活，倡导一种积极进取、互助友爱的团队精神，这使企业以人为本的管理思想能够彻底贯彻。

3. 富有冒险精神

首先，创业者进行创业就要具有很强的冒险精神。其次，创业团队成员一般也都具有冒险精神。如此一来，冒险精神就容易在创业企业沉淀下来，如果能够得到合理的引导，就能够形成具有积极进取的价值观和行为观，为企业的发展提供源源不断的动力的企业文化。

4. 更富有自主精神

创业企业一般是创业者艰苦奋斗、自主努力、克服一切困难取得的结果。随着企业的发展，这种自主创业的精神会潜移默化地渗透到企业文化中。

5. 更注重创新精神

创业企业没有成熟企业所拥有的模式禁锢，其工作模式一般比较注重创新，特别是创业企业更偏向引进一些先进的管理理念、模式，企业文化必然会受到这些因素的影响，带有很强的创新精神。

三、企业文化的功能

人们在管理实践中日益深刻地认识到，企业文化对组织管理和未来发展具有十分重要的作用。企业文化在组织管理中发挥的作用又被称为企业文化功能，这些功能具体表现在以下几个方面。

(一)导向功能

企业文化体现了企业全体员工的共同追求、共同价值观和共同利益，它能够对企业整体和企业每个成员的价值取向和行为取向起到导向作用，使之符合企业的愿景、宗旨和目标。企业文化的导向功能主要体现在以下两个方面。

一是明确企业的行动目标。企业的持续发展首先需要明确发展方向，使之成为全体员工共同奋斗的行动目标。通过目标的设置来激发人的动机，指导人的行动，使员工的需求与组织目标紧密联系在一起，以激发员工的积极性、主动性和创造性；通过确立共同的行动目标，牵引整个组织不断发展壮大，牵引组织成员通过完成组织目标实现个体目标。

二是规定企业的价值取向。一个公司的文化体系一旦形成，就意味着建立起了自身的价值系统和规范标准。当企业员工的价值取向、行为规范与企业文化体系相违背时，企业文化的导向功能可以通过成员对企业价值观的自觉认同，使员工的价值取向在潜移默化中符合既定目标，从而达到纠偏作用。

(二)凝聚功能

企业文化通过培育组织成员的认同感和归属感，使他们相互信任和相互配合，凝聚形成无形的力量和巨大的向心力，自觉自愿地把自己的力量和智慧汇聚到组织目标的实现上。

一是情感凝聚。现代企业管理理论认为工人是社会人而不是单纯追求金钱的经济人，提高企业生产效益的关键在于提升员工的工作态度。企业的领导者要在企业的经济需求和工人的社会需求之间保持平衡，从而达到提高生产率的目的。这就要求企业以尊重个人情感为中心，营造一种亲密友爱、相互信任的企业氛围，增强企业对员工的吸引力。良好的企业文化氛围能使员工对企业产生向心力与归属感，使员工在精神上寄托于企业、感情上依恋于企业、行动上忠实于企业，把自己的命运与企业的命运紧密地结合起来。

二是价值共识。为企业全体员工所认可的核心价值观是企业生存与发展的精神支柱。企业员工一旦认同企业价值观，就会改变原来只从个人角度出发建立的价值观念，树立起以企业为中心的共同理想、信念和价值取向，用企业的群体意识去考虑问题和指导行动。价值共识和共同理想的不断强化为企业提供了凝聚力，企业文化的同化作用使企业成为一个由具有共同的价值观念、理想追求的人所聚合起来的团体，进而使企业成员获得强烈的认同感，对企业产生一种强大的向心力。

三是目标认同。企业目标是企业全体员工凝聚的基点。目标认同既是凝聚功能的具体表现，也与企业文化导向功能紧密相连。企业目标的凝聚作用是建立在把员工个人的目标与企业总的目标相结合的基础上的，它使员工能够体会到个人的前途是和企业的发展密切相关的，企业整体目标的实现也意味着个人目标及利益需求的实现。只有这样，企业目标的凝聚功能才能真正发挥出来。

（三）激励功能

激励是激发人的需要与动机，引导行为指向目标的活动过程。需要就是使某种结构变得更有吸引力的一种状态，包括物质需要和精神需要。物质需要主要是人们的生理需求，它是员工生存和发展所必需的客观条件要求，包括衣、食、住、行等。精神需要是员工的社会需要，是员工对知识、文化、事业、理想等方面的要求。当组织成员做出符合组织要求的行为选择时，他们就会被这种文化所接收、认同和鼓励。针对需要的不同层次，激励可以分为物质激励和精神激励。

（1）物质激励。物质激励是激励的基本方式，主要指为满足员工物质的需要发放一定数量的工资、奖金、福利等。企业应从具体情况出发，针对不同员工的需求特点，以物质手段满足其合理需求，唤起其对物质需求目标的向往和追求，并引导他们客观认识目标需求、所肩负的责任及工作绩效，激发其上进心。

（2）精神激励。精神激励是指企业为了满足员工精神方面的需求而采取的一系列措施，如表扬、授予荣誉称号等。在物质需要得到一定程度的满足后，精神需要就成了主要需要。每个人都有自尊心、荣誉感，满足这些需求，能更为持久、有效地激发人们的动机。物质激励到一定程度时就会出现边际效益递减现象，而来自精神的激励，则更为持久和强大。

有效激励可以提高员工的工作积极性，提升员工的干劲，增强其工作责任心，激发员工的积极性和创造性，为实现组织目标创造条件。

（四）约束功能

企业文化的约束功能主要是通过制度、文化和道德约束而发生作用的。约束的目的在于使员工的行为不偏离组织目标的方向。企业文化是企业员工自我约束的基础。由于这些制度、文化反映了企业员工的共同利益和要求，故会得到员工的理解与支持。企业文化的约束分为刚性约束和柔性约束。

（1）刚性约束。企业规章制度的约束作用较为明显，是一种刚性约束。它直接要求员工不该做什么，通过表扬、加薪、升职、批评、警告、降职、降薪、解雇等约束员工的行为，以保证企业的发展。

（2）柔性约束。企业文化通过微妙的文化渗透和企业精神的感染形成对员工无形的约束，是一种柔性约束。它通过价值观、道德意识的内化，使员工在观念上确立自我约束的行为标准。

用制度对员工进行约束，是借助一种硬性的力量使员工服从，容易给员工造成压力；而柔性的道德规范和良心所起的作用，是一种自我克制行为。企业柔性约束比刚性约束更具有主动积极的意义，效果更长久。

（五）辐射功能

企业文化的辐射功能，是指企业文化不仅会在企业内部发挥作用，对本企业员工产生影响，而且也会通过各种媒介向外辐射，影响社会文化，对外部社会产生作用。这种辐射功能具体表现在以下三个方面。

（1）产品和服务的辐射功能。企业文化的辐射功能首要就在于，它以产品和服务为载体，向社会展示企业文化的特色，并对社区文化、社会文化产生一定的作用和影响。随着新产品和服务的不断问世，其不仅直接地改变着人们的消费观念，而且潜移默化地影响着人们求异创新观念和思维方式的发展。

（2）精神文化的辐射功能。精神文化的辐射是指企业价值观、企业精神等形态的企业文化所产生的辐射作用。它是各种形式的文化辐射所传递的核心内容，可以超越一定时空的限制，对社区文化、社会文化产生广泛、深刻而持久的影响。精神文化的辐射具有多种渠道和形式，不仅可以通过产品和服务载体传递，而且可以通过宣传媒介进行。

（3）企业员工的辐射功能。企业员工的辐射功能，主要是指企业员工在社会公共生活及其他的社会交往中所表现出来的文化辐射作用。首先，企业家作为企业组织的代表，在与社会各界的联系和交往中，突出地展现了企业的精神风貌。其次，企业员工在社会公共生活中通过与其他社会成员的接触和联系，可以展示企业文化的特点。

综上所述，企业文化以上功能都是与企业及其员工的动力机制相联系的。其导向功能引导着企业的发展方向，因而起着首要的作用；凝聚、激励、约束功能，则影响着企业员工的积极性和创造性的发挥；辐射功能影响着企业与社会的联系和交流。

【相关链接】

LG：学会靠近顾客的心

将对公众开放的产品展示厅直接开到了自己的办公楼里，这是韩国第二大电子厂商LG在华的最新举动。

许多经营者在经营压力来临时，习惯盯着报表看、盯着竞争者看，就是疏于盯着顾客看。当有一个风靡市场的营销事件产生，经营者产生的第一个念头是：“这些人全都疯了。”但有没有人关注过，让这些人为之疯狂的理由是什么？

LG电子日前在位于北京长安街的中国区总部双子座大厦里设置了全新“美学”产品及商用空调的展示厅，向所有的参观者展示其最新的概念——美学家电。冰箱门上嵌着一块液晶面板，通过这块屏幕，家庭主妇在厨房里就能上网收发电子邮件、到有提供网络下单和配送服务的超市购物、下载各种食谱以及操控浴室的洗衣机和客厅的空调与电视。展示厅里，除了这台最吸引人的冰箱外，还陈列着发出灼灼光华的施华洛世奇水晶、绚烂夺目的“盛唐花纹”以及点缀其中装饰绚丽的景德镇瓷器，这些无不让人恍若置身于一场绚烂夺目的大型艺术展，让人零距离感受到LG所带来的舒适生活和时尚科技魅力。

无论是科技还是美学，这些概念都相当新颖，但对一般家庭来说，目前是“值得拥有”（nice to have）并不是“必须拥有”（must have），可是却凸显了LG不只是卖产品而是要成为定义未来家庭生活形态的公司，因为握有定义规格的能力，才有最好的成长及获利机会。

想一想，我们都喜欢在消费时有一种享受的感觉，似乎自己的出色、聪明或是某种特质因为这个产品而被看重。那么,我们的顾客也会因有某种情感需要而被看重。因为你理解我的认同,所以我认同你的产品。这是一种心意相通的感受,让产品从超载的信息与爆满的货架中脱颖而出,这种感受虽然非常抽象但却让人感到非常真实而亲切。完美融合时尚设计和智能科技,LG 电子纯熟地用情感体验营销的方式,再一次俘获了消费者的心。

任务二　企业形象与企业文化

一、企业形象概述

(一)企业形象的含义

企业形象是指人们通过企业的各种标志而建立起来的对企业的总体印象。企业形象是企业文化的一种外在表现形式,它是社会公众与企业接触交往过程中所感受到的总体印象。这种印象是通过人体的感官传递获得的。

企业文化的理念识别层对应企业的理念形象,行为识别层对应行为形象,视觉识别层对应视觉形象,企业文化和企业形象之间相互依存,互为表里,企业文化和企业形象之间的关系主要体现在以下几个方面。

第一,企业文化是一种客观存在,是人类认识对象的本身;而企业形象则是企业文化在人们头脑中的反映,属于人类的主观意识。如果没有业已存在的企业文化,就不会有公众心目中的企业形象。因此,两者是“里”与“表”的关系,企业文化是企业形象的根本,企业文化决定企业形象。

第二,人类认识的过程受到客观条件(如信息传播渠道)限制以及知觉的选择性和知觉的偏见影响,使得公众心目中形成的企业形象并不是企业文化的客观、真实、全面的反映,有时甚至还有扭曲的成分。因此,企业形象与企业文化之间必然存在某些由人类认识造成的差距。当然,随着认识过程的全面深入,两者之间的差距会逐渐缩小。

第三,企业出于自身需要,企业文化的有些内容是不会通过传播媒介向外传播的,或是会向外传播一些经过特别加工的信息,这也使得企业形象与企业文化在内涵上有差别。例如,可口可乐的配方是可口可乐公司文化的重要特色,但这显然是不能向外公开的商业秘密。

【相关链接】

知觉的选择性和知觉的偏见

1. 知觉的选择性

作用于人的客观事物是纷繁多样的,人不可能在瞬间全部清楚地感知到,但可以按照某种需要和目的,主动而有意识地选择少数事物(或事物的某一部分)作为知觉的对象,或无意识地被某种事物所吸引,以它作为知觉对象,对它产生鲜明、清晰的知觉映象,而把周围其余的事物当成知觉的背景，只产生比较模糊的知觉映象。知觉的选择性既受知觉对象特点的影响，又受知觉者本人主观因素的影响，如兴趣、态度、爱好、情绪、知识经验、观察能力或分析能力等。企业在展现企业形象过程中需要分析、研究影响公众知觉选择的主客观因素，设法根据公众知觉的选择性来加强传播的针对性和有效性。

2. 知觉偏见

知觉偏见是人们在感知事物的时候，由于特殊的主观动机或外界刺激，对事物产生一种片面或歪曲的印象的心理过程。造成这种现象的常见原因有以下几个。

（1）首因效应。它即第一印象的强烈影响。事物给人最先留下的印象往往有强烈的作用，左右着人们对事物的整体判断，影响着人们对事物以后发展的长期看法。第一印象一旦形成就比较难以消除。因此，企业形象的传播与构建要十分注意传播中的首因效应。无论是人、产品、环境还是组织行为，都要尽可能给公众留下良好的第一印象，避免因为不良的第一印象而造成知觉的片面性。

（2）近因效应。它即最近或最后印象的强烈影响。事物给人留下的最后印象往往非常深刻，难以消除。对一件事物或对一个人接触的时间延长以后，该事物或人的新信息、最近的信息就会对他人的认识和看法产生新的影响，甚至会改变原来的第一印象。企业形象的传播与构建工作亦要注意这种近因效应，注意用新信息去巩固、刷新公众心目中原来的良好印象，或尽力改变原来的不良印象。

（3）晕轮效应。它即一种片面的知觉。人们在认识事物或人的时候，因为往往易从对象的部分特征或品质推断对对象的整体印象和看法，从而就会掩盖对象的其他特征或者导致丑化对象的结果。企业形象的传播与构建可以适当利用这种晕轮效应来扩大组织或产品的影响，美化组织或产品的形象，如“名人广告”“名流公关”；同时也要避免因为滥用这种晕轮效应，使公众反感甚至讨厌；更要反对利用晕轮效应来蒙骗公众。

（4）定型作用。它也称“刻板印象”“刻板效应”，即固定僵化的印象对人知觉的影响。如认为商人是唯利是图的、国营商店的商品质量一定是可靠的等。这种看法一旦定型，就会形成“先入为主”的印象，就会妨碍正常的沟通或对事物的正常判断。企业形象的传播与构建工作一方面要研究和顺应公众的某些刻板印象，使自己的形象与公众的经验相吻合；另一方面也要努力传播新观点、新知识、新经验，以改变公众某些狭隘的成见和偏见，以及由此形成的误解。

（二）企业形象的特征

1. 整体性

企业形象是由企业内部诸多因素构成的统一体，这些因素不能单独构成企业形象。随着现代工业的不断发展，产品同质化趋势愈发明显，企业间的竞争不仅仅局限于产品的竞争，而是延伸到了产品服务、广告形象、营销水平、员工素质等方方面面。任何一方面出现缺失，都会对企业整体形象造成灾难性的损害。

2. 客观性

企业形象是对现实企业各方面活动和所有外在表现等一系列客观状况的反映，具有鲜明的客观性。尽管我们可以借助有关手段在一定程度上主动地塑造一个企业的形象，但是任何虚假的企业形象最终都不能成为财富，而只能使企业深受其害。因此，树立良好企业形象，最关键的还是努力改善企业客观的现实，过多指望甚至完全依赖有关手段，如借助大众传播媒介等，是无法起到真正效用的。

3. 主观性

虽然企业形象是客观存在的，但企业形象作为人们对企业的一种综合性认识，又具有主观性的特点。作为评价企业形象的主体公众，有着各不相同的认知能力、认识水平，他们的思维方式、价值观都各不相同，他们对同一个企业所产生的感知和认同也不尽相同。因此，任何一个企业形象在所有公众中的印象绝不可能是完全一致的。这种主观的特点便造成企业形象因人而异的结果。在塑造企业形象的过程中，企业必须充分注意到这一点，要学会在不同的公众心目中塑造不同的企业形象，使自己在各类公众心目中的形象都富有色彩并保持丰满。

4. 相对稳定性

企业形象一旦形成，就不会轻易或很快地改变。企业形象的这种不易改变性使得每一个企业的形象都具有相对稳定的特点。企业形象是企业行为的结果，虽然短期内企业的行为可能发生变化，但受到定型作用的影响，这种变化却不会马上改变企业已存在的形象。企业形象的相对稳定性，会自然地产生两个方面的结果：一是相对稳定的、良好的企业形象有利于企业利用其稳定性特点开展经营管理活动，可以借助自己已经存在的有利条件，为企业服务；二是相对稳定的不良企业形象则会使得企业一时难以摆脱不良影响的阴影，这就需要企业通过较长时间的不懈努力才能挽回局面，重塑良好的企业形象。当然，企业形象并非一成不变，通过企业的不断努力或外部因素的作用会发生变化。

5. 传播性

企业为了能够主动地在广大公众心目中建树特定良好的企业形象，必须借助媒介进行传播。传播是企业发展中具有突出地位的一种联结企业与公众的桥梁，每一个企业都应该充分认识到塑造企业形象的过程中成功地运用和借助传播媒介的重要性。可以说，离开有效而广泛的传播，企业对企业形象的建立过程将会无法引导与失去控制。

二、企业形象的塑造的方法

企业形象不仅关系到企业的声誉，而且还关系到公众对企业的态度，制约着企业的生存和发展。因此，企业形象对企业具有生死攸关的决定性作用。良好的企业形象是企业十分宝贵的无形财富。塑造良好的企业形象一般可以从以下几个方面进行。

（一）完美展现企业形象的总体特征与风格

企业形象的总体特征与风格是公众对企业及其行为的概括性认识。企业要想给公众留下完美的印象，取得公众的信任，仅仅信奉“打铁还需自身硬”的传统教条是不行的，这只是问题的一个方面，另一方面还必须把企业的总体特征与风格完美地展现给公众，这样才会有人乐意到“深巷子”里来买你的“好酒”。企业形象塑造把企业最为显著的、最能代表整体情况的基本特征展示给公众,使公众在对企业了解的基础上对企业产生认同和信任。

1. 完美展现企业内在的总体特征与风格

企业内在的总体特征与风格是企业形象的软件,它包括企业精神、价值观念、企业的办事效率、服务质量等,其特质是企业的文化内涵。社会的发展使同类企业相似之处多于不同之处,企业文化是区别于其他同类企业的关键因素,也是公众迅速、准确地认识和识别企业的重要特征。

2. 完美展现企业外在的总体特征与风格

企业外在的总体特征与风格,是企业形象的硬件,它包括企业的地理位置、企业的环境状况、企业的建筑和标识、技术设备、员工仪表和工作方式方法等,其特质是直观。公众往往先从这里得到第一印象,再产生认识和了解企业的愿望。

(二)扩大企业的知名度

知名度是企业塑造良好形象、开展各项工作的前提。如果一个企业的知名度太低,知道的人很少,就不会有更多的公众接受你的产品或服务,企业要想开展各项活动,要塑造良好的形象也很困难。扩大企业的知名度,可以从以下几个方面努力。

(1)扩大企业的知名度就是要把企业的名称、性质、业务范围等信息宣传出去,让公众知晓、了解企业。如果一个企业机构的知名度太低,公众不知道企业的存在,不了解企业的性质、业务,则根本谈不上塑造企业形象的问题。

(2)生产型企业要宣传产品,利用传媒等渠道,广泛宣传产品的质量、形象、功能和特点;服务型企业,则要把宣传服务质量、从业经验和能力、工作效果和业绩等内容作为重点。这是扩大企业知名度的有效途径。

(3)企业通过宣传企业领导者的特点、专长、杰出技能、优秀事迹,使公众了解和熟悉企业领导者。当同类行业和相同行业较多时,突出宣传扩大企业领导者的知名度,更容易引起公众对该企业的注意和关注。

扩大企业的知名度,还有其他一些方式和方法,如借助名人扩大知名度,借助重大社会活动扩大知名度,借助大众关注的热点、难点问题扩大知名度,借助节庆活动扩大知名度,借助新闻媒体扩大知名度等。但无论借助什么因素或采取哪种方法扩大企业的知名度,都必须把握企业形象塑造工作的两个特点:一是练好内功,首先要做得好;二是要搞好公共关系宣传,扩大知名度,不搞宣传,不注意知名度的提高,会给企业带来不可估量的损失。

(三)提高企业的美誉度

美誉度是良好企业形象的内核。塑造企业形象,必须提高企业的美誉度,在具体做法上可以从以下几个方面努力。

1. 质量是美誉度形成的基础

高质量的产品和服务、高效率的工作,是企业获得赞誉的基础,也是企业在竞争中取胜的法宝。

2. 提高领导干部的美誉度

塑造优秀领导干部形象是提高企业美誉度的一条途径。领导干部及其行为在公众中留下印象的好坏，不仅关系到其个人形象的好坏，也关系到企业形象的好坏，对企业的成败兴衰有直接影响。

3. 提高员工美誉度

塑造优秀的员工形象，就是要造就一支纪律严明、技术精湛、谈吐文雅、热情大方、乐于奉献的职工队伍。员工处于企业工作的第一线，是企业形象人格化的表现，员工形象的好坏直接代表了企业形象的好坏。

4. 提高环境的美誉度

优美的环境形象包括企业工作、生产、生活的小环境和企业的地理位置及企业生存地域的自然条件等构成的大环境两个方面的内容，它是企业环境意识、管理水平、经济实力和精神面貌的外在反映。优美的环境形象不仅能给外界以整洁、舒适的印象，而且能给内部以很大的自信心、凝聚力，催人奋发向上，不断进取。

5. 提高企业整体形象的美誉度，塑造良好的社会形象

这是提高企业形象美誉度的宗旨。良好的社会形象会使企业在公众心目中形象更加完善，增强公众和社会对企业的认同和理解。

（四）找准企业的形象定位

企业形象定位就是要把企业的特色、个性突出出来，以此来增强公众的认同感。企业要塑造良好的形象，不仅要完美展示整体特征与风格，扩大知名度，提高美誉度，还要找准企业的定位。定位是企业的气质底蕴，是企业形象的灵魂。

1. 寻找具有企业个性、特色的定位

一方面可以借助地利和自然条件，另一方面也可以追加物质或人文的内涵。如苏州园林、桂林山水等是借助地利之便点化而成的；洛阳牡丹节则是通过追加物质和人文内涵而后天形成的。

2. 根据同类企业的情况和目标公众的情况定位

通过与同类企业的比较和对目标公众的分析，确定自己的定位，是突出企业特征、塑造企业形象的一种方法。如日本丰田汽车公司开发出经济实用型轿车，适应了工薪阶层的需求，很快占领了市场，赢得了声誉。

3. 依据企业形象的调查进行定位

对企业形象的调查定位主要从三个方面进行：一是通过调查了解，企业应该树立何种形象才符合公众的期望；二是要调查、了解企业在公众中已经具有的形象；三是通过调查，找出企业实际形象与公众期望的形象之间的差距，为企业形象的定位提供科学的依据。

任务三　企业文化建设

一、企业文化建设的含义

（一）企业文化建设的概念

企业文化建设，就是根据企业发展需要和企业文化的内在规律，在对企业现实文化进行分析评价的基础上，设计、制定目标企业文化，并有计划、有组织、有步骤地加以实施，进行企业文化要素的维护、强化、变革和更新，不断增强企业文化竞争力的过程。

通常情况下，人们会将企业文化建设与企业文化塑造、企业文化培育等几个概念等同起来。为了准确把握企业文化建设的概念，我们必须注意下列三组概念的区别，即企业文化与企业文化建设、企业文化建设与企业文化积淀、企业文化建设与企业文化变革的区别。

1. 企业文化与企业文化建设的区别

企业文化是一种客观现象，而企业文化建设则是一种自觉行为。企业文化是被企业大多数员工所认同的价值观和自觉遵循的行为准则的总和。它是无形的，但却是在企业中客观存在的一种软性要素，比如企业成员的思维方式、行为方式及企业传统等。而企业文化建设是塑造和培育企业文化的过程，这种行为往往是建立在对企业文化的功能有比较充分的认识和理解的基础上的，没有文化自觉的企业不可能进行企业文化建设活动。

2. 企业文化建设与企业文化积淀的区别

企业文化积淀是一种文化和价值观形成和发展的自然过程。而企业文化建设则是从愿望出发创建价值观念系统，然后导入和宣传这套价值观念系统，使之内化于心、外化于行、固化于制。与企业文化积淀不同，企业文化建设的特点是导入式的，它更侧重于从理想状态中总结出价值系统，为企业员工提供一个规范框架。

3. 企业文化建设与企业文化变革的区别

企业文化建设着重强调企业文化的“立”，而企业文化变革则强调企业文化的“先破后立”。企业文化建设的目的在于使企业文化由模糊到清晰、由分散到统一、由被动到自觉、由弱势到强势。其实质是通过培育企业文化，塑造员工的行为。而企业文化变革则是打破原有的企业文化结构并建立新文化的过程，包括解冻、改变、再冻结三个步骤。

（二）企业文化建设的目标

企业文化建设的目标必须根据企业的历史、企业面临的内外部环境以及企业的发展战略等确定。企业文化建设的目标要与企业的战略目标相一致，并通过实现企业文化建设的目标来促进企业的发展。企业文化建设的目标可以分为三个层次。

1. 理念识别层次（Mind identity）

首先，确定企业价值观是企业文化建设的核心，它决定企业兴衰。现代企业要充分认识企业竞争不仅是经济竞争，更是人的竞争、文化的竞争。企业的最终目标是服务社会，实现企业经济效益和社会效益的最大化。

其次，培育个异性的企业精神和发展理念是企业文化建设的主要内容。培育具有鲜明个性和丰富内涵的企业精神和发展理念，最大限度地激发职工内在潜力是企业发展的不竭原动力。培养企业精神和发展理念，要遵循时代性、先进性、效益性等原则，不仅要反映企业本质特征，而且要反映出行业的特点，体现出企业的个异性发展理念。

最后，确立符合公司实际的企业愿景和使命是企业生存发展的主要目的和根本追求。它以企业发展的目标和发展方向来反映企业价值观。

2. 视觉识别层次（Visual identity）

在企业发展中还要以务实的态度不断完善企业视觉识别的各要素，做到改进、否定、再改进、再确定。这些要素包含企业标识、旗帜、广告语、员工服装、信笺、工号牌、印刷品等统一模式，以此规范员工行为礼仪和精神风貌，在社会上建立起企业的高度信任感和良好信誉。

3. 行为识别层次（Behavior identity）

这一层次的企业文化建设的目标主要体现在两个方面：一方面是企业内部对职工的宣传、教育、培训；另一方面是企业的对外经营、社会责任等内容。现代企业要通过组织开展一系列活动，将企业确立的精神、理念融入企业的实践中以指导企业和员工行为。

二、企业文化建设的原则

企业文化建设是一项创新的复杂的系统工程。在企业文化建设中涉及的问题很多，但它还是有其基本规律的，建设企业文化应遵循以下原则。

（一）目标原则

目标原则即要明确企业文化建设的目标和方向。有了明确的目标和方向，就可依此确立相应的价值标准、企业哲学、企业精神、道德规范和行为方式等，并借此组织、动员职工为实现目标而努力奋斗。

（二）价值原则

企业的价值观是企业文化的核心，在企业内发挥着激励全体职工的热情和形成凝聚力的关键作用。企业价值观又是深入职工心灵的共同信仰，是企业和职工生存与发展的最基本的原动力。

（三）参与原则

参与性是企业文化突出人性化的体现，企业文化建设的主体是人，企业文化建设的参与者也是人，企业文化的建设始终围绕着人来展开，要尊重企业全体员工在企业文化建设中的主体地位、个人价值观和心理要求，从而使全体职工能积极自觉地参与企业文化建设的各方面进程。

（四）个性原则

企业文化应该突出个异性原则，建设反映本企业的特色文化，着力彰显自己的个性，通过企业文化的个性差异来增强企业的凝聚力、体现企业的个性形象、打造企业新的核心竞争力。

（五）创新原则

创新可以为企业文化注入活力，提升企业文化建设水平。要通过创新企业文化，促进企业不断发展。同时，每个企业都有自己的历史传统和经营特点，企业文化建设要充分利用这一点，建设具有自己特色的文化，而不能简单地模仿和照搬。企业文化有了被公众认同的特色，才能在激烈竞争中独树一帜，具有长期的竞争优势。

（六）传承原则

企业文化建设实质上是对传统文化的继承性发展和选择性变革。企业文化建设必须首先承认传统文化的存在，对适应企业发展要求的固有的积极因素必须予以继承和发扬。因为每一个企业的文化，之所以能延续至今，都无疑表明其中蕴含着某些合理成分。所以，如果无视企业历史，一味求新求变，可能导致企业文化理念与员工行为产生严重背离，对企业发展造成不利影响。

三、企业文化建设的内容

（一）物质文化建设

企业物质文化是指由企业员工创造的产品和各种物质设施等构成的器物文化，是一种以物质形态加以表现的表层企业文化。相对于核心层而言，它是容易看见、容易改变的，是核心价值观的外在体现。物质文化建设是企业文化建设的首要内容。

首先，企业生产的产品和提供的服务是企业生产经营的成果，是展现企业物质文化的首要内容。其次，企业的生产环境、企业容貌、企业建筑、企业广告、产品包装与设计等也构成企业物质文化的重要内容。优秀的组织文化是通过重视产品的开发、改善服务的质量、提升产品的信誉和优化组织生产环境、生活环境、文化设施等物质现象来体现的。企业物质文化建设是企业文化建设的基础。

（二）行为文化建设

行为文化是指员工在生产经营及学习娱乐活动中产生的活动文化，是在企业经营、教育宣传、人际关系、文娱体育活动中产生的文化现象，包括企业行为的规范、企业人际关系的规范。

1. 企业行为的规范

在企业运营过程中，企业员工的行为都应遵循一定的规范。在规范的制定和对规范的履行过程中，就会形成一定的企业行为文化。现代管理学理论要求企业在创造利润、对股东和员工承担法律责任的同时，还要承担对消费者、社区和环境的责任，即企业要承担一定的社会责任，要求企业必须超越把利润作为唯一目标的传统理念，强调要在生产过程中对人的价值的关注，强调对环境、社会、消费者的贡献。

（1）企业对员工的责任。企业对员工的责任主要体现在不歧视员工。为了调动员工各方面的积极性，企业要为员工创造良好的工作环境和发展平台，有社会责任的企业不仅要根据员工的综合素质把他安排在合适的工作岗位上，更要为其营造良好的工作环境。工作环境直接影响员工的身心健康和工作效率。

（2）企业对顾客的责任。目标顾客群体是企业最重要的外部公众，协调、处理好顾客关系关乎企业的核心利益。企业对顾客的责任主要体现在为其提供优质的产品和服务、提供必要的产品使用和维护指导、赋予顾客自主选择的权利等方面。

（3）企业对竞争对手的责任。绝大多数企业均处在垄断竞争市场中，企业应处理好与竞争对手之间的关系，在竞争中寻求更为广泛的合作。有社会责任的企业不会为了一时之利，通过不正当手段挤垮对手。

（4）企业对投资者的责任。企业要努力为投资者带来丰厚的投资收益，还应将其财务状况及时、准确地报告给投资者。企业错报或虚报财务状况是对投资者的欺骗。

（5）企业对所在社区的责任。企业不仅要为所在社区提供就业机会和创造财富，还要尽可能地为所在社区做出贡献。有社会责任的企业能意识到通过适当的方式把利润中的一部分回报给所在社区是其应尽的责任，企业应通过参与各种社区活动提升企业形象。

2. 企业人际关系的规范

企业人际关系的规范分为内部公众人际关系和外部公众人际关系两个部分。

（1）内部公众人际关系。企业内部公众是指企业员工，企业员工的行为是企业外在形象的内在体现。良好的员工关系可以使员工在心理上获得满足感，有利于提高其工作主动性和积极性，也在一定程度上保障组织战略和目标的有效执行。企业可以通过有效沟通、目标激励、满足要求、共同参与等方面提升员工满足感，通过满足感的获得规范员工行为，最终将其发展为员工的自觉行为。

（2）外部公众人际关系。企业外部公众包括目标顾客、媒介公众、政府机构、社区公众等。外部公众构成组织生存和发展的重要外部环境，任何企业都应该有针对性地采取各种手段和措施规范和协调好与顾客、媒体、政府、社区等外部公众的关系，为企业的发展营造良好的外部空间。

（三）制度文化建设

企业制度作为员工行为规范的模式，使个人的活动得以合理进行，内外人际关系得以协调，员工的利益受到保护，从而提升企业运营效率。企业文化制度化，是通过制度的方式来凝聚员工思想的。科学的领导体制，精干高效的组织机构，完善的经营管理制度，科学、实用的企业决策机制和人力资源开发机制，能有效地约束企业和员工的行为，保证企业目标的实现。

（四）精神文化建设

相对于企业的物质文化、行为文化、制度文化，企业的精神文化是一种更深层次的文化现象。在整个企业文化系统中，精神文化处于核心地位，是企业物质文化、行为文化和制度文化的升华。企业精神文化建设，主要需从以下三个方面进行。

1. 明确企业所奉行和追求的价值观念

企业价值观属于企业精神文化的范畴，在企业文化体系中处于核心地位。培养和明确企业所奉行和追求的价值观是企业精神文化建设的主要内容，也是企业文化建设的重要内容之一，对于企业的生存和发展具有极其深远的作用和影响。

2. 塑造企业精神

企业精神是企业员工和企业家在长期的实践过程中总结出来的并表述为某种观念、信条与口号，逐渐为企业成员所接受，在实践中加以体现的团体意识，是企业文化的重要内容。企业精神是企业价值观的具体体现。

企业精神不是自发形成的，企业精神一般需要领导对企业长期的生产经营管理实践进行概括总结而成，并需要企业领导不断加以倡导、灌输，使它逐渐成为员工的共识。同时，在这个过程中，企业领导的身体力行也是十分重要的。此外，企业领导自身的特质和追求也会不同程度地融入企业精神。而这个不断升华发展的过程就是企业精神塑造的过程。

3. 促进企业道德的形成和优化

企业道德是用以调整企业与员工、员工与员工、一般员工与管理者以及企业与社会关系的行为规范的总和。企业精神文化包含着非常丰富的内容。企业道德是企业精神文化的重要组成部分。企业道德体现了企业文化的特色和社会责任感，并用具体形式展现企业文化的约束功能和塑造功能。企业道德又是一种管理观点，即主张通过对道德观念、规范的运作来调节员工行为。

任何一个企业的文化，如果离开了企业道德规范，都算不上是成熟的、系统的企业文化。在建设企业精神文化时，必须注重企业道德建设，促进企业道德的形成和优化，使之在企业各方面的发展中发挥其应有的作用。加强企业道德建设，既有利于调动企业成员的积极性、主动性和创造性，又有利于塑造良好的企业形象。

四、企业文化建设的步骤

（一）企业文化调研

建设企业文化关键在于建设适合本企业的文化体系，达到这一目标的大前提就是对企业文化的全面了解。所谓企业文化调研，就是对企业现有文化的一次调查和分析。当一个企业尚处在创业阶段时，企业文化调研就需要了解创业者的企业目标定位。而对已经发展了一段时间的企业来说，企业文化调研就需要了解企业发展的现状、问题和员工广泛认同的理念。

常用的调研方法主要包括访谈法、问卷法、资料分析法、实地考察法等工作方法。企业文化调研可以自上而下分层进行。企业文化的调研，需要全体员工的认真参与，在调研过程中必须调动广大员工的参与积极性，增强其参与意识。企业文化建设是全员的事情，只有员工乐于参与、献计献策，企业理念才能被更好地接受。

企业文化的调研要有针对性，内容主要围绕经营管理现状、企业发展前景、员工满意度和忠诚度、员工获得感、员工对企业理念的认同度几个方面。一些企业的内部资料往往能够反映出企业的文化，调研可以通过对企业历史资料、各种规章制度、重要文件、内部报刊、公司人员基本情况、员工奖惩条例、相关媒体报道等方面的了解获得有用信息。为了方便工作，最好列一个清单，将资料收集完整，以便日后查阅。

在企业文化的调研中，匿名问卷的形式比较常用，它可以很好地反映企业文化的现状和员工对企业文化的认同度。我们可以根据需要设计问卷内容，设计原则是调查目标明确、区分度高、便于统计。有些价值观类型的调查，以不能让被调查者识破为调查原则。比如，在分析员工价值取向的时候，可以提问："如果再次选择职业，您主要考虑以下哪些方面?"然后列出工资、住房、个人发展等许多要素，规定最多选三个，经过结果统计，我们就不难发现员工普遍性的价值取向了。

调查研究重在研究。在一系列调研之后，需要对企业文化做深入分析，得出正确结论。分析集中在以下几个方面：一是分析企业经营特点，搞清企业在行业中的地位和企业生产经营情况；二是分析企业管理水平和特色，研究企业内部运行机制，重点分析企业管理思路、核心管理链、现有管理理念和主要弊端；三是分析企业文化的建设情况，领导和员工对企俗、人际关系、工作态度、员工行为规范等的看法。

根据以上综合分析，就可以判断企业文化的现状，了解员工的基本素质，把握企业战略和企业文化的关系，分析企业急需解决的问题和未来发展的障碍，从而为下一步企业目标文化的设计做好准备。

【相关链接】

调查问卷的设计

问卷调查法是企业文化调查中最常用的方法。它是将需要调查的问题设计成一套问卷，让调查对象填写后收回以便进一步分析的调查方法。

1. 问卷的设计

问卷一般分为以下几个部分。

(1)标题。每份问卷都要用明确、简练的标题表明调查的主题，让被调查者一目了然。

(2)前言。要用简明扼要的文字说明调查目的以及回答问卷的要求，前言应该文辞恳切，尊重被调查对象。

(3)问卷正文。问卷的题型可以分为两种：封闭式问题和开放式问题。封闭式问题中每一个提问后都要列出所有可能的备选答案，供被调查者选择。开放式问题对提问不列出可供选择的答案，而是由被调查者根据自己的情况和意愿自由回答。

2. 提问项目的设计

如何准确提出所要调查的问题是问卷设计的关键环节。问题的数目不宜过多，不必要的问题不能列入，否则不仅浪费调查时间，而且容易引起被调查者的厌倦。提问项目的设计应遵循以下几个原则。

1)简明性原则

提问的内容尽可能简单明确，不要冗长和啰唆，以免造成被调查者的理解困难和厌倦。问卷提问部分内容过长，还会使被调查者忘记前面的内容，不利于对整份问卷的回答。

2)客观性原则

表述问题的态度要客观,避免诱导性提问。提出的问题中不能带有倾向性,不能暗示他人或调查者的观点,不能引导被调查者做出选择。例如"很多人预计我市房价将暴涨,您对我市房价在一年内涨跌的看法是什么",这个问题本身已经暗示了我市房价的走势,对被调查者具有引导作用。

3)单一性原则

问题的内容要单一,不要把两个或两个以上的问题合在一起。例如"您喜欢我公司的产品和包装吗?"如果被调查者对产品和包装的看法不一样,则会感到问题难以回答。所以,应该将上述问题分解为两个问题。

4)具体性原则

问题内容要具体,不要提抽象、笼统的问题。例如某快递公司问卷"您对本公司投递快件的印象如何",这里的"印象"就过于笼统,可以指送件速度、送件安全性、服务态度等多方面内容,应改为具体问题,便于被调查者回答。

5)准确性原则

问题表述要准确,不要使用模棱两可、含混不清或容易产生歧义的语言,问卷中涉及的概念要有统一的界定。例如"您最近有没有感觉工作压力太大",这里的"最近"指向不明确,可改为"您最近一个月内有没有感觉工作压力太大"。

6)非否定性原则

人们往往比较习惯肯定式陈述的问题,而不习惯否定式陈述的提问。例如,在一项关于产品新的外观设计的市场调查中,否定时提问的表达是:"您觉得产品的新外观不美观吗",采用肯定时提问则是:"您觉得料产品的新的外观美观吗"。在思维习惯的影响下,被调查者可能会错将否定式提问看成是肯定式提问,从而做出了与真实想法相反的回答或者选择。尤其需要注意不能采用双重否定式表述,因为它很容易使被调查者混淆。

7)封闭式为主,开放式为辅原则

调查问卷应以封闭式问题为主,开放式问题为辅。封闭式问题具有回答简便,便于统计的特点,但是要弥补它难以获得丰富生动的资料的缺点,可以设计少量开放式问题作为有益补充,这样容易获得较深层次的信息。

某公司企业文化调查问卷

Q1:加入公司时间:

○ 2 年以内

○ 2~5 年

○ 5~10 年

○ 10 年以上

Q2:您在公司里工作愉快吗?

□ 愉快,我喜欢在公司工作

□ 愉快，和同事相处融洽
□ 愉快，能让我实现自我价值
□ 一般，工作而已
□ 不愉快，渴望假日与下班
□ 其他

Q3：您在工作中的烦恼是什么？
□ 对工作没兴趣
□ 人际关系难处理
□ 工作的报酬低
□ 工作没有挑战性
□ 其他

Q4：您对身边的同事持怎样的看法？
□ 我喜欢我的同事
□ 没有感觉，我一般单独工作
□ 我不喜欢我的同事

Q5：您觉得目前的工作条件如何？
□ 很舒服
□ 一般
□ 恶劣
□ 其他

Q6：您认为公司的组织纪律明确吗？
□ 明确，大家都自觉遵守纪律
□ 不太明确，领导口头要求比较多
□ 没有纪律，自己安排时间
□ 其他

Q7：部门内部的交流形式是怎样的？
□ 倾向于口头交流或书面交流
□ 会议沟通
□ 领导找谈话
□ 在业余活动中沟通

Q8：您乐于向上级表达自己的想法吗？
□ 很乐意，上级能够经常倾听员工的想法
□ 希望表达，但没机会与上级沟通
□ 无所谓，我们的想法对于上级来说没有意义
□ 不愿意

Q9：你遇到困难时，领导的态度如何？

□ 耐心指导,共同探讨解决方法
□ 要求我自己寻找解决方法,按时完成工作
□ 批评,不给予任何帮助
□ 不闻不问

Q10:您认为领导对你公平吗?
□ 不公平
□ 公平
□ 有点偏袒我
□ 还过得去

Q11:您认为主管领导的管理风格是怎样的?
□ 干涉主义
□ 专业权威
□ 部门共同探讨或发表意见的方式
□ 成立专项工作组并任命主要负责人
□ 其他

Q12:您在工作中尝试使用新方法吗?
□ 是的,我喜欢创新
□ 没有,我的工作不需要创新
□ 没有,大家都这样
□ 没有,因为怕出错
□ 经常尝试且成功次数很多
□ 失败多次,但会继续

Q13:您认为您的工作对企业发展重要吗?
□ 不重要
□ 一般
□ 重要
□ 不知道

Q14:您愿意参加工作相关的培训(内部培训和外部培训)吗?
□ 愿意
□ 不愿意
□ 无所谓

Q15:您觉得在公司工作,工作能力提升幅度如何?
□ 不会提高
□ 不知道
□ 会提高但速度太慢
□ 会提高

□ 会有大幅度提高

Q16:您对自己是否有长远的规划?

□ 有,且充满信心

□ 有,但不知道该如何实现

□ 没想过

□ 没有,我看不到未来

Q17:您对目前的薪酬满意吗?

□ 满意

□ 还可以

□ 不满意

□ 十分不满意

Q18:您认为目前公司的薪酬情况与同行业公司相比较如何?

□ 与其他公司差距较大

□ 高于其他公司

□ 与其他公司持平

□ 不清楚

Q19:您期望公司多开展文娱活动吗?(A. 期望 B. 不期望 C. 无所谓)若期望您希望是以哪种形式开展?

□ 体育竞赛

□ 烧烤、聚餐

□ 户外活动

□ 其他

Q20:您期待公司增加哪种形式的员工福利?

□ 电影票优惠券

□ 公司集体旅游

□ 学历技能培训

□ 其他

Q21:若公司开展以上活动,需要您承担一部分的费用,您愿意吗?

□ 愿意

□ 不愿意

Q22:您了解公司的规章制度吗? 它们对您有影响吗?

□ 不了解

□ 了解,但没有影响

□ 了解,它指导我的行为

□ 了解,但规章制度经常脱离实际

Q23:您通常从什么渠道了解公司现状?

□ 公司各种会议

□ 领导讲话

□ 同事之间聊天

□ 其他

Q24：在本公司，您对自己的期望是什么？

□ 有更高的薪水

□ 有发展的前途

□ 能够得到大家的认可

□ 其他

Q25：如果您准备离开公司，主要原因是什么？

□ 不能实现自己的理想

□ 待遇低

□ 和领导相处不好

□ 人际关系

□ 其他

Q26：您觉得公司的战略愿景对您有影响吗？

□ 有

□ 影响不大

□ 与我无关

Q27：您认为目前公司要获得发展，最需要的是什么？

□ 鼓励内部竞争

□ 创新

□ 人性化管理

□ 科学管理

□ 团队精神

□ 提高待遇

□ 其他

Q28：您了解公司的发展目标、发展战略吗？

□ 不知道

□ 不关心

□ 想知道，但没有渠道了解

□ 了解一些

□ 很了解

Q29：您认为公司企业文化有没有真正挖掘出员工推动企业持续健康发展的强大动力？

□ 有

□ 在一定程度上有
□ 不明显，不清楚
□ 没有

Q30：您如何看待公司企业文化建设现状？
□ 与别的企业大同小异，没什么特色
□ 已经形成了自己的特色
□ 理论、实践“两张皮”

Q31：您认为公司的企业文化建设主要应该着眼于哪些方面？
□ 以形象建树来塑造企业文化
□ 以品牌形象来塑造企业文化
□ 以卓越管理来塑造企业文化
□ 以创新精神来塑造企业文化
□ 其他

Q32：您认为公司企业文化建设应该以什么方式为主？
□ 创新发展
□ 重新开发
□ 沿袭继承
□ 移植组装

Q33：您认为公司目前处于什么阶段？
□ 徘徊阶段
□ 稳健发展阶段
□ 转折阶段
□ 腾飞阶段
□ 衰退阶段

Q34：您认为公司企业文化应重点突出哪些方面？
□ 竞争力
□ 创新
□ 人性化管理
□ 科学管理
□ 团队精神
□ 其他

Q35：您觉得公司目前应当具备怎样的氛围和工作精神？

____

Q36：您对公司企业文化建设的意见和建议：

____

（二）企业文化设计

企业文化是一个包括理念识别层、行为识别层和视觉识别层不同层面内容的有机整体。理念识别层的设计要本着历史性、客观性、人文性、个异性、社区性和可操作性等原则，行为识别层和视觉识别层的设计要本着与理念高度一致、系统完整和可操作性强等原则。

企业文化设计中最重要的是理念识别层设计，它决定了企业文化的整体效果，是设计的关键所在。理念识别层一般来讲包括以下几方面：企业愿景、企业使命、核心价值观、经营理念、管理模式、企业精神、企业道德、企业作风。行为识别层主要是为了贯彻企业理念，日常管理的每一项制度都是企业理念的具体表现，针对企业理念的特点制定一些独特的管理制度。视觉识别层设计包括企业标志、文化用品、工作用品、纪念物品、传播载体等的设计，核心是企业标志及其应用系统的设计，它们都要为传达企业理念服务。

企业理念是企业永续发展的定盘星、压仓石。企业理念的各部分有着内在的逻辑关系，设计时需要保持内部一致性、系统性。企业愿景和使命描述了企业的奋斗目标，回答了企业存在的理由；核心价值观展现了企业的价值判断标准，是企业的一种集体信念；企业经营理念回答了企业持续经营的指导思想；企业精神体现了全体员工的精神风貌；企业作风和企业道德是对每一位员工的无形约束。这些内容相辅相成，构成一个完整的理念体系。

行为识别层的设计主要包括企业制度设计、员工行为规范设计，这些设计都要充分传达企业的理念。企业制度指各类工作制度、企业风俗制度和其他保障机制，这些制度既是企业有序运行的基础，也是塑造企业形象的关键。企业风俗不同于其他企业标志，它是企业长期沿袭、约定俗成的典礼、仪式、行为习惯、节日活动等。所谓其他保障机制是指企业不同于其他企业的独特制度，它是企业管理风格的体现，比如，“父母慰问金”制度，员工在职期间每月发给职工父母一定金额的慰问金。

视觉识别层主要包括企业标志、名称及其应用。企业名称、标志如同人的姓名一样，是企业的代码。阿里巴巴公司名称来源于阿里巴巴和四十大盗的故事，简明易记。标志是企业理念、企业精神的载体，企业可以通过标志来传播企业理念，公众也可以通过标志来加深对企业的印象。同时，企业标志出现的次数和频度，直接影响社会公众对该企业的认知和接受程度，一个熟悉的标志可以刺激消费欲望。企业标志是直接面对客户的企业缩影，因此在设计和使用上要特别关注。

【相关链接】

麦当劳（中国）更名风波

近期，一则麦当劳（中国）改名为“金拱门”的新闻刷爆网络，引来众多吐槽。如果你看过那部讲述麦当劳的传记电影《大创业家》，你就会明白，麦当劳和别的商业帝国一样，背后也有激荡人心的创业故事。

奶昔搅拌机推销员雷·克洛克在20世纪50年代，遇到了经营汉堡快餐的麦当劳兄弟，雷在嗅到商机之后，于 1961 年用 270 万美元买下了麦当劳兄弟的汉堡连锁店，将其打造成全球最大的快餐王国。

1948 年创办初期，麦当劳叫做 McDonald’s Famous Hamburgers，翻译过来就是“麦当劳驰名汉堡”，1953 年它的名字缩短成“McDonald’s”，直到 1961 年，我们熟悉的金色“M”才出现在标识（logo）中，这一 logo 代表了麦当劳建筑的标志性特征：从屋前到屋后发光的双道拱门。虽然此后贯穿屋顶的建筑形式不再被使用，但双拱门的 logo 设计却被一直保存了下来。直到今天，我们早已经习惯了“麦当劳”这样的音译，但在学术界却有着不一样的理解。

早在 20 年前，托马斯·弗里德曼就提出了“预防冲突的金色拱门理论”，他认为任何两个开设了麦当劳门店的国家都不会彼此开战。后来，他又将该理论更新为“预防冲突的戴尔理论”，认为任何两个处在同一全球供应链上的国家都不会彼此开战，因为经济上的损失实在太高。虽然该理论不一定严谨，但至少说明“金拱门”这一提法被学术理论界认同。美国哈佛大学人类学教授詹姆斯·华生在其著作《金拱向东》中介绍麦当劳如何以不同方式融入不同东亚国家和地区，以及如何更好地进行市场营销。这样看来，麦当劳（中国）的新名字“金拱门”其实还是有据可查，而且合情合理的。

麦当劳（中国）已经对改名事宜进行了回应：“这一变更主要在证照层面，日常业务不会受到任何影响，且麦当劳餐厅名称、视频安全标准、运营流程等保持不变”。

看得出来，正是因为麦当劳是人们耳熟能详的品牌，且备受喜爱，所以这次改名风波才会引来如此多的关注。

（三）企业文化实施

强化与实施是将企业文化计划变成企业文化现实的过程，这一阶段是最为复杂、最为多变的阶段，也是最为漫长的阶段。强化与实施可以使企业文化成为员工自觉遵循的准则。

企业可利用各种媒介，宣讲推介企业的文化价值观念，聘请文化专家进行宣讲；定期让员工按照企业文化的内容对照自己的行为，审视自己是否做到了企业要求，进行自我评判，并思考应如何改进；树立企业文化建设的典型人物，给员工树立一种形象化的行为标准和观念标志，通过典型员工形象给全体员以具体示范。同时，应注重加强企业网站、内刊的建设，及时宣传企业文化，创新企业文化的形式和载体，积极营造企业文化建设的良好氛围。充分利用一切宣传载体开展企业文化建设，通过企业宣传片、社会活动强化企业文化建设。通过这些活动，把企业文化的价值观贯穿其中，可起到潜移默化的作用。领导人的榜样作用在一定程度上对企业文化的实施具有决定性的作用，应充分发挥企业领导人的文化建设榜样作用。

四、企业文化建设的途径

企业文化建设需要从多方面入手，主要途径包括以下几个方面。

（一）确立合适的价值观标准

价值观是企业文化的核心，确立合适的价值观标准是塑造良好企业文化的首要问题，不同的企业有不同的特点，价值观也不尽相同，企业管理者应识别和评价哪一种价值观适合本企业。价值观标准要清晰、真实、可行，要体现组织的宗旨、战略和发展方向，使之真正反映本组织的特点和对员工的行为要求。不适合的价值观将起不到应有作用，甚至导致员工出现逆向选择，存在道德风险。

（二）选择与企业价值观相融合的应聘者

企业在招聘时要注意考察应聘者的价值取向，要选择那些个人价值观与组织价值观相融合的应聘者，以减少价值冲突。对于任何一个与企业文化不融合的人来说，在工作中取得成功的机会是非常渺茫的，同时这也会降低组织的工作效率。当然，当组织需要对现有文化进行变革时，也会选择与组织现有价值观不同的应聘者。

（三）强化员工认同感

企业文化的创建离不开员工的认同，要通过切实可行的方法使企业的文化内涵深入人心，成为每一名员工的行动指南。培训教育能使企业员工系统了解和接受企业的价值观，使其清楚企业对员工的期望是什么，怎样才能得到企业的认可。最后，通过榜样的感召力和影响力来为企业成员树立可以学习的楷模。

（四）建立符合企业文化建设要求的奖励系统

要想使企业文化得到认同，就必须对符合企业文化要求的想法和行为进行奖励，如果一个企业崇尚创新，就要对员工的创新意识和创新行为给予奖励，鼓励创新思想。创新者的报酬很高，能得到较快提升，这样会鼓励创新行为，发扬创新文化。

（五）不断丰富和完善企业文化

任何企业的企业文化都会随着时代的变迁而发生改变，都不可能一劳永逸，永不变化。

如在企业成立的最初期，企业都是追求经济效益最大化，而随着时代的发展，越来越多的企业开始追求社会效益和经济效益并重的理念。企业内在活动发生变化，如企业规模扩大、技术革新、组织机构调整等；企业外在因素变化，如政治经济形势变化、环境变化等都对企业文化提出了新的要求。这就需要增加新的元素，摒弃不合时宜的内容。因此，企业应不断丰富和完善企业文化或对企业文化进行变革，使之适应变化了的内外部环境。

五、企业文化变革

任何企业都要存在于社会这个大系统中，由于环境在不断发展变化，当企业原有文化已不能适应发展需要时，就需要及时进行调整和变革。企业文化变革一般遵循解冻—变革—再冻结三个步骤。

（一）解冻

解冻就是对现有状态的否定，打破旧有习惯，摒弃不符合企业发展的企业文化因素，营造必须变革的气氛。由于任何一项变革都会或多或少地面临来自组织自身及其成员一定程度的抵制，因此企业文化变革需要一个解冻阶段，作为实施变革的前奏。解冻阶段的主要任务是发掘企业文化变革的动力，营造危机感，塑造变革乃是大势所趋的气氛，并在采取措施克服变革阻力的同时，具体指明企业文化变革的目标和方向，以形成可实施的比较完善的企业文化变革方案。

（二）变革

变革就是养成新习惯，进入新状态，实施具体的变革行动。这是具体实施阶段，在这一阶段企业管理者应积极利用变革动力，减少变革阻力，变消极因素为积极因素，鼓励全员参与到企业文化的变革中来，为企业文化变革出谋划策。变革阶段的任务就是按照所拟定的变革方案的要求开展具体的变革行动，使企业文化向既定目标转变。变革通常可以分为试验和推广两个阶段。企业文化变革方案在全面推广之前，一般要先进行一定范围的典型试验，以便总结经验，修正变革方案；在试验取得初步效果后再进行大规模的全面实施。这样，可以使一部分对变革尚存疑虑的员工在试验阶段第一时间感受到企业文化变革的潜在效益，从而让更多组织成员在思想上和行为上支持变革，并积极投身到变革中来，由此使变革观望者、反对者向变革的积极支持者和参与者转变。

（三）再冻结

再冻结就是巩固新习惯，强化变革成果。没有再冻结阶段，变革将是短暂的，变革成果难以得到有效固化。这一阶段，企业管理者应巩固和强化变革成果，比如给予对实施变革有突出表现的员工奖励，建立新的规章制度等。企业文化变革过程并不是在实施了变革行动之后就宣告结束了，现实中经常出现变革行动发生后，个人和组织都有一种退回到原有习惯的行为方式倾向。为了避免这种情况出现，企业管理者就必须采取措施保障新的行为方式能够不断地得到强化和巩固，这一强化和巩固阶段可以视为一个重新冻结的过程。

【相关链接】

苹果公司的变革之路

苹果公司（Apple Inc.），可以说是最成功的企业之一，从1947年创建至今，已经有70年的历史，如今的苹果公司还在不断创新，是全球最赚钱的公司之一，但回顾苹果的历史，我们可以发现苹果公司并不是一帆风顺的。

1947年，一个由史蒂夫·乔布斯、史蒂夫·沃兹尼亚克和罗·韦恩三人创建的名叫美国苹果电脑公司的企业出现了。在公司创建当年，沃兹尼亚克开发了公司史上第一款产品，Apple I电脑，这部电脑，样子就像一部大的打字机，它可以连接电视作为它的显示器。

此后，苹果公司又相继开发了Apple II与划时代的Mac电脑。1985年，因苹果公司经营问题，乔布斯被董事会决议撤销经营大权，乔布斯一怒之下卖掉自己在苹果公司的股权，重新创业。后因为苹果公司被微软全面超越，乔布斯的公司被苹果收购，乔布斯重新回到苹果公司担任董事长，此后苹果公司也迎来了自己新的发展阶段。

2008年苹果公司进军亚洲，在2009年第四季度，苹果公司由联通公司引进中国，自苹果公司在中国发售了iPhone 4以来，中国就一下子多了很多果粉。iPhone 4在中国发售以前，大多数人用的都是按键手机，只有一小部分人用的是半智能手机，iPhone 4占领了中国很大一部分的手机市场。在iPhone 4S发售以后，中国的大地上才出现了Android智能手机，可以说中国手机的智能化就是从苹果开始的，这也印证了苹果公司的口号“变革”。

此后，苹果公司又推出了iPhone系列产品，在中国的销售量很大，一度刷新了中国果粉的数量，苹果手机一直都是创新与体验的代名词，是走在时代前沿的产品，不管是苹果手机的外观还是软件，都是能体现时代科技的作品，在大街上、在饭店、在地铁等地方，你都能看到苹果手机及电脑的身影，由此可见人们对苹果的喜爱。

苹果公司不断创新产品技术，提出新的概念，这使得苹果公司不会停滞不前，在苹果公司里的员工都会不断地给自己想出一些挑战，然后促使自己努力去完成目标，这使得苹果公司的员工也都处于前进的状态。

苹果公司，一个科技与创新的公司，苹果公司诠释了什么是变革之路，它的70年历程就是带动全球的变革之路。

练习与思考

案例分析一：丰田的成功秘诀

丰田汽车公司（Toyota Motor Corporation），简称丰田（Toyota），成立于1937年8月，是一家总部设在日本爱知县丰田市和东京都文京区的日本汽车制造公司。截至2014年年末，在全球28个国家和地区拥有54个制造基地。目前，职工总人数达348 877人，2016年位居《财富》世界500强第8位。丰田汽车公司2016年在全球100大最有价值品牌中排名第5。

2016 年其营业收入额达 2 483.66 亿美元,纯利润达 202.22 亿美元。

丰田汽车公司的成功和其自身的企业文化密不可分。丰田文化,丰田人称之为 Toyota Way, 源于 1935 年创始人丰田喜一郎订立的 5 项经营原则,是丰田在长期经营管理实践中积淀、获得一致认同的价值观、理念、准则和做事方式。Toyota Way 有两大支柱,一是“尊重人性”,一是“智慧与改善”。两大支柱又包含 5 个基本要素,“尊重人性”包含“尊重”“团队合作”两个要素,“智慧与改善”包含“挑战”“改善”“现地现物”三个要素。

丰田的成功离不开其成熟的教育体系,丰田教育体系分为正式教育和非正式教育。

正式教育,在丰田叫做“职业教育和企业人才培训体系”,是企业乃至社会经济飞速发展的基础。丰田公司对新加入公司的人员,有计划地实施企业教育,把他们培养成为具有独立工作本领的人。这种企业教育,可以使受教育者分阶段地学习,并且依次升级,接受更高的教育,从而培养出高水平的技能人才。

非正式教育,在丰田叫做“人与人之间关系的各种活动”,是丰田独有的教育模式,这种教育就是前述的关于人的思想意识的教育。非正式教育的核心是解决车间里人与人之间的关系,培养相互信赖的人际关系。光靠提高工资福利等的劳动条件,还不能完全地调动员工干劲。丰田创造出一系列精神教育的活动形式,这种活动是以非正式的形式和不固定的形式进行的。

在丰田,教育的范围不仅限于职业教育,还进一步深入个人生活领域。教育的目标具有生活中的实际意义而能够为员工普遍接受。有人问:丰田企业管理和文化教育的目标是什么?丰田的总裁曾作了这样的回答:企业管理和文化教育的实质是,通过教育把每个人的干劲调动起来。丰田教育的基本思想是以调动员工干劲为核心。

企业管理界人士普遍认为,丰田的成功经验在于积聚人才,善用能人,重视职工素质的培养,树立良好的公司内部形象。

思考题:

1. 丰田公司是如何把自己的价值观与企业管理紧密结合在一起的?

2. 结合案例,说明企业文化对企业的经营发展有哪些影响?

案例分析二:谁挽救了“雀巢”咖啡

享誉国际的“雀巢”咖啡在 20 世纪 70 年代却差一点信誉扫地、一命呜呼。这家跨国公司在世界各地原本拥有稳定的市场,但是,自 20 世纪 60 年代开始,世界上出现一种舆论,说雀巢食品的经销导致了发展中国家母乳哺育率下降,以致婴儿死亡率上升。这种舆论到了 20 世纪 70 年代竟发展成了一场世界性的雀巢咖啡抵制运动。直到这时,“雀巢”的决策者才认识到问题的严重性,不得不重金礼聘世界著名的公关专家伯根来商讨对策。伯根发现,在舆论开始兴起并逐渐发展的过程中,“雀巢”决策者拒绝听取批评,同时对雀巢的经销行为始终保密,这种做法适得其反,恰恰助长了抵制运动的爆发。

于是,他把工作重点放在抵制情绪最为严重的美国,专心听取社会批评、开展游说活动,成立由公众代表参加的测评委员会,全面审查雀巢咖啡的经销行为。这一系列活动逐渐挽回了雀巢的信誉,最后,历时 8 年的抵制运动终于在 1974 年被平息。公司总裁感慨地说:

“事件的教训，说明任何企业都少不了公关部门，是公关的技巧把真相告诉了公众。”

思考题：

1.“雀巢”咖啡遭受经营危机的深层次原因是什么？

2. 结合案例，说明企业文化对企业形象及对企业发展的重要性。

案例分析三：以“动脑筋创新”制度激励员工共同创新

早在20世纪50年代，日本丰田公司就实施了一项被称为“动脑筋创新”的建议制度。该公司首先设立动脑筋创新委员会，制定了建议规章、奖励办法等。然后，在各车间设置建议箱，成立“动脑筋创新”小组，组长对提建议的员工进行有计划的帮助，使员工可以自由、轻松、愉快地提出建议；在各部门则分别设立建议委员会，把鼓励提建议的方针贯彻到公司的各个角落。

为鼓励员工积极提建议，丰田公司将提建议制度与奖励制度紧密相联，其审核标准分为有形效果、无形效果、利用程度、独创性、构想性、努力程度、职务减分等7个项目，每个项目以5~20分的评分等级来评定分数，满分为100分。相应的奖金最高为20万日元，最低为500日元，对于特别优秀的建议，则给予特别的奖励。

“动脑筋创新”建议制度在丰田公司实施仅1年，就征集了183条建议。20世纪70年代后，每年收集到的建议达5万余条，大大调动了员工的工作热情，为丰田的发展提供了源源不断的动力。

同样，美国通用电气公司也于20世纪90年代初展开了名为“开动大家的脑筋”的活动。公司把100名由各部门推选出来的代表分为若干小组，每位代表在小组里提出本部门的意见和要求，并发表自己的看法，公司高层经理则当场听取汇报。根据公司规定，听取汇报的高层经理对代表提出的要求只能回答“Yes”或“No”，而不得用“研究研究”“以后再说”之类的话推诿或搪塞。结果，许多平时难以解决的问题都在会上顺利解决或得到满意的答复。

通用电气的“开动大家的脑筋”活动给企业带来了明显的效益。时任公司总裁的约翰甚至认为，这是一条摸清企业发展脉搏、培养未来人才最基本的好路子。

思考题：

1. 日本丰田公司和美国通用电气公司是如何运用创新手段有效推动企业文化变革的？

2. 结合案例，分析企业应如何开展企业文化建设？

模块三　如何创建制造业企业

任务一　制造业企业的设立

一、企业的名称、注册与经营范围

（一）企业的名称

企业名称是企业人格特定化的标志，企业以自身的名称区别于其他经济主体。企业名称具有唯一性（即一个企业只能有一个名称）和排他性（即在企业登记注册机关的管辖范围内只有注册公司能使用其已注册的名称）。

企业名称一般由四个部分构成：

一是企业登记注册机关的行政级别和行政管理范围；

二是商号，这是企业名称的核心内容，也是唯一可以由当事人自主选择的内容，应由两个以上汉字或者少数民族文字组成；

三是企业的行业或经营的特点，即企业名称应显示出企业的主营业务和行业性质；

四是企业的法律性质。公司企业应在名称中标明“有限责任公司”或“股份有限公司”字样；个人独资企业应在名称中标明其“个人独资”的性质；合伙企业中的普通合伙企业应在名称中标明“普通合伙”字样，特殊的普通合伙企业应在名称中标明“特殊普通合伙”字样，有限合伙企业应在名称中标明“有限合伙”字样。

（二）企业的注册地址

企业以其主要办事机构所在地为注册地址，主要办事机构所在地由企业在工商机关登记时确定。企业注册地址只能有一个，应在企业的登记主管机管辖范围内。申请企业的注册地址必须提交能够证明其拥有该处所使用权的文件，如该处所房屋的产权证或房屋的租赁协议（必须要有2年以上的租赁期限）。

（三）企业的经营范围

企业的经营范围是企业从事经济活动的业务范围，企业于工商行政机关注册登记的经营范围体现在营业执照或法人营业执照中。如果企业欲从事法律、行政法规规定须报经有关部门审批的业务，应当在申请设立登记时提交有关部门的批准文件。

（1）个人独资企业的经营范围由投资者个人选定，但不得从事法律、行政法规禁止经营的业务。

（2）合伙企业的经营范围由合伙人签订的合伙协议约定。

（3）公司企业的经营范围由公司章程规定。公司可以修改公司章程，改变经营范围，但应办理变更登记。

二、企业设立的条件

（一）个人独资企业的设立条件

（1）投资人为一个自然人的，该自然人必须具有完全民事行为能力，法律、行政法规禁止其从事营利性活动的人，不得作为投资人申请设立个人独资企业；

（2）有合法的企业名称；

（3）有投资人申报的出资；

（4）有固定的生产经营场所和必要的生产经营条件；

（5）有必要的从业人员。

（二）合伙企业的设立条件

1. 普通合伙企业的设立条件

（1）有 2 个以上合伙人，合伙人为自然人的，其应具备完全民事行为能力；

（2）有书面合伙协议；

（3）有合伙人认缴或实际缴付的出资；

（4）有合伙企业的名称和经营场所；

（5）法律、行政法规规定的其他条件。

2. 有限合伙企业的设立条件

有限合伙企业除了应具备以上条件外，还有两条特别规定：

（1）有限合伙企业由 2 个以上 50 个以下合伙人设立，但是法律另有规定的除外；

（2）有限合伙企业至少应当有 1 个普通合伙人。

（三）公司企业设立的条件

1. 普通有限责任公司设立的条件

（1）股东符合法定人数，即有限责任公司由 50 个以下股东出资设立；

（2）股东出资达到法定资本最低限额；

（3）股东共同制定公司章程；

（4）有公司名称，建立符合有限责任公司要求的组织机构；

（5）有公司住所。

2. 一人有限责任公司设立的条件

（1）设立一人有限责任公司的投资人可以是一个具有完全民事行为能力的自然人，也可以是一个法人股东；

（2）一个自然人只能投资设立一个一人有限责任公司，该一人有限责任有限公司不能投资设立新的一人有限责任公司；

（3）一人有限责任有限公司应当在公司登记中心注明自然人独资或者法人独资，并在公司营业执照中载明；

（4）一人有限责任公司章程由股东制定。

【知识链接】

国有独资公司设立的特别规定：(1)国有独资公司的出资人责任由国务院或地方人民政府授权本级人民政府国有资产监督管理机构履行；(2)公司章程由国有资产监督管理机构制定，或者由董事会制定报国有资产监督管理机构批准。

股份有限公司设立的条件：(1)发起人符合法定人数，即设立股份有限公司应当有2人以上200人以下为发起人，其中须半数以上的发起人在中国境内有住所；(2)发起人认购和募捐的股份达到法定资本最低限额；(3)股份发行、筹办事项符合法律规定；(4)发起人制定公司章程，采用募集方式设立的经创立大会通过；(5)有公司名称，建立符合股份有限公司要求的组织机构；(6)有公司住所。

任务二　企业的登记与注册

企业登记注册时确认的企业法人资格或营业资格，是企业在法律上成立的法定程序，即企业依照有关法律、行政规章，履行登记注册手续，经工商行政管理机关核准登记。企业法人登记是登记注册主管机关依照法定程序，对具备法人条件的企业确认其企业法人资格所进行的核准登记。营业登记是对不具备法人条件，但有条件进行经营活动的单位（如合伙企业、企业法人的下属经营机构，学校、科研机构兴办的不具法人资格、但对外营业的招待所、印刷厂等），确认其合法经营资格所进行的核准登记。

一、企业登记注册的一般程序

企业登记机关是指国家授权的依法对企业进行登记注册和监督管理的机关。我国国家授权的企业登记注册机关是国家工商行政管理局及各地方各级工商行政管理局。

我国企业登记按照分级管理原则进行。凡属省、自治区、直辖市政府批准设立的股份有限公司以及国务院授权机构设立的有限公司和外商投资设立的有限责任公司，均由国家工商行政管理局负责登记；凡属省、自治区、直辖市政府批准设立的股份有限公司以及省、自治区、直辖市授权投资机构设立的有限公司和国家工商管理局委托登记的公司，均由省、自治区、直辖市工商行政管理局负责登记；县、区级工商管理局则负责上述公司以外的其他各种企业的登记。

二、个人独资企业的设立登记

申请设立个人独资企业，应当由申请人向企业所在地的工商行政管理机关进行申请名称预先核准登记，然后办理开业登记注册，并提交以下有关文件、证明：①投资者签署的个人独资企业设立申请书；②投资人身份证明；③企业住所证明；④名称审核表及名称核准通知书；⑤依照有关法律、法规规定需要提交的其他文件、证件。

1. 开办申请书

申请书应写明申请人的姓名、性别、年龄、文化程度、住址、申请从事的行业或经营范围、拟办私营企业种类、经营场地地址和名称、资金数额及来源等。

2. 申请开业登记注册书

申请开业登记注册书主要是指企业的名称登记。企业名称应由字号（商号）、所属行业或经营特点、组织形式组成，并在企业名称前冠以所在地行政区划名称。

3. 申请人身份证明

个人独资企业的申请人是指投资人本人。

4. 企业住所证明

企业住所为自由场地的需提交产权证明；租赁场地的需提供租赁期在1年以上的房屋租赁协议，并附出租人的产权证明和场地平面图，标明方位和面积。

5. 验资证明

验资证明需由具有法定资格的验资机构出具。经营范围中有法律、行政法规规定必须报经审批的项目的，应当在申请登记前报有关部门审批，并向登记机关提交批准文件。委托代理人申请设立登记的，应当提交投资人的委托书和代理人的身份证明或者资格证明。

个人独资企业的登记程序如图3-1所示。

三、合伙制企业的设立登记

申请设立合伙制企业，应当向企业登记机关提交下列文件：全体合伙人签署的设立登记申请书；全体合伙人的身份证明（法律、行政法规禁止从事营利性活动的人，不得成为合伙制企业的合伙人）；全体合伙人指定的代表或者共同委托代理人的委托书；合伙协议；出资权属证明；经营场所证明；国务院工商行政管理部门规定提交的其他文件。

法律、行政法规规定设立合伙制企业须报经审批的，还应当提交有关批准文件。合伙协议约定或者全体合伙人决定，委托一名或者数名合伙人执行合伙企业事务的，还应当提交全体合伙人的委托书。

合伙企业的登记程序如图3-2所示。

四、有限责任公司的设立登记

设立有限责任公司，应当由全体股东指定的代表或者共同委托的代理人向公司登记机关申请设立登记。法律、法规规定的必须报经审批的，应当自批准之日起90日内向公司登记机关申请设立登记。

设立有限责任公司，应当向公司登记机关提交下列文件：设立登记申请书；全体股东指定代表或者共同委托代理人的证明；公司章程；具有法定资格的验资机构出具的验资证明以及有关委派、选举或者聘用的证明文件；公司法定代表人任职文件和身份证明；企业名称预先核准通知书；公司住所证明。

法律、行政法规规定设立有限公司必须报经审批的，应当提交有关的批准文件。

设立登记申请书应由公司董事长签署，并就申请登记注册事项是否符合国家法律、行政法规和公司章程的规定作出承诺。

公司申请登记的经营范围中存在国家法律、行政法规设有限制性规定的应提交审批文件。

公司章程内容不得违反国家法律、行政法规的规定，且需经全体股东签名盖章。

有限责任公司名称预先核准的程序如图 3-3 所示。

有限责任公司的设立登记程序如图 3-4 所示。

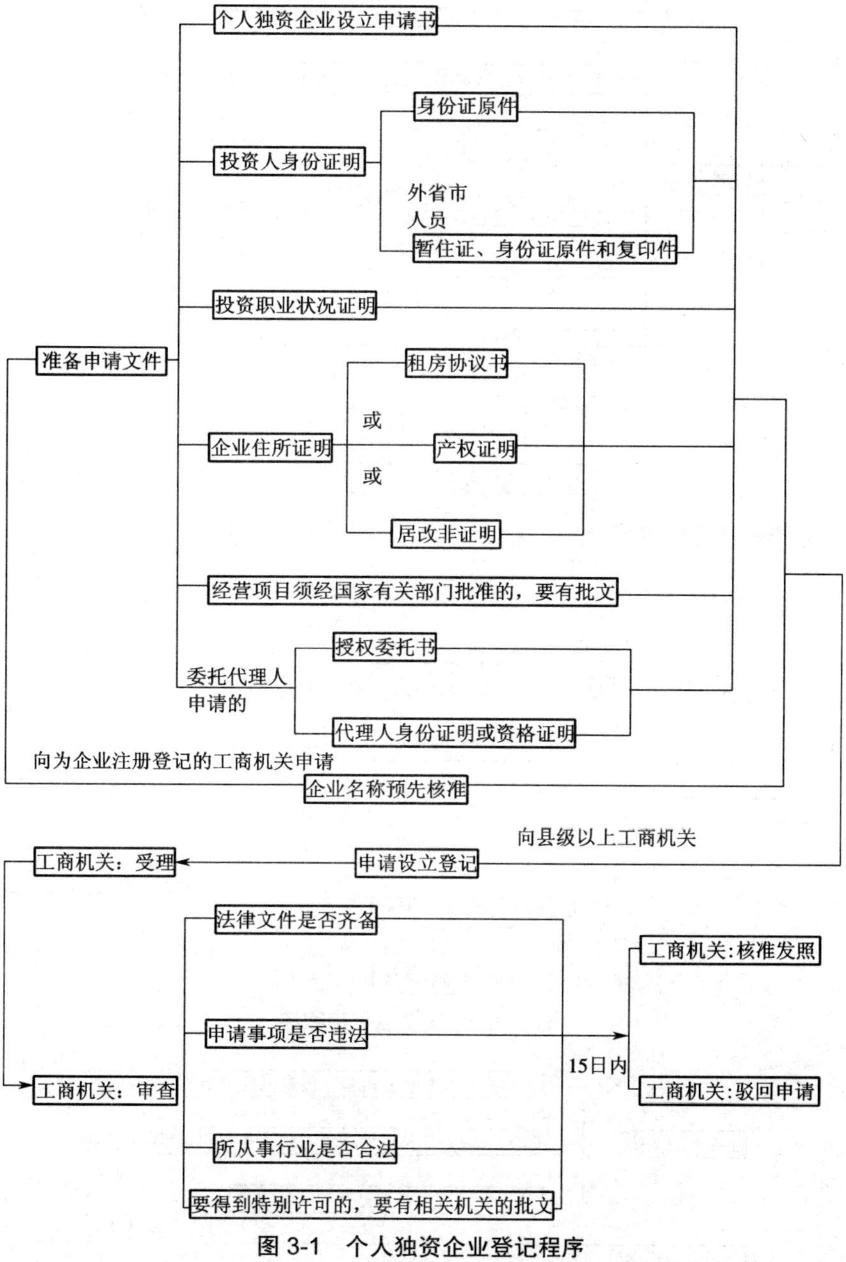

图 3-1　个人独资企业登记程序

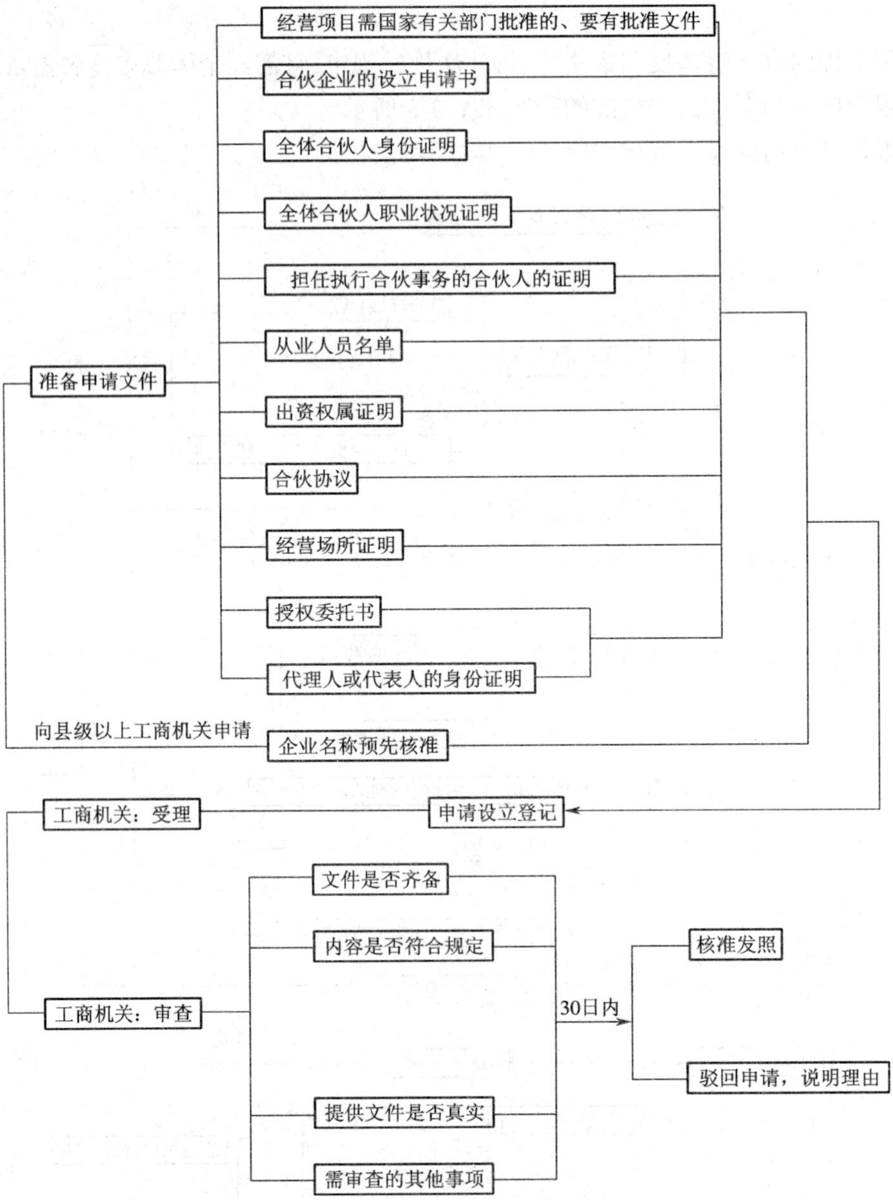

图 3-2　合伙企业登记程序

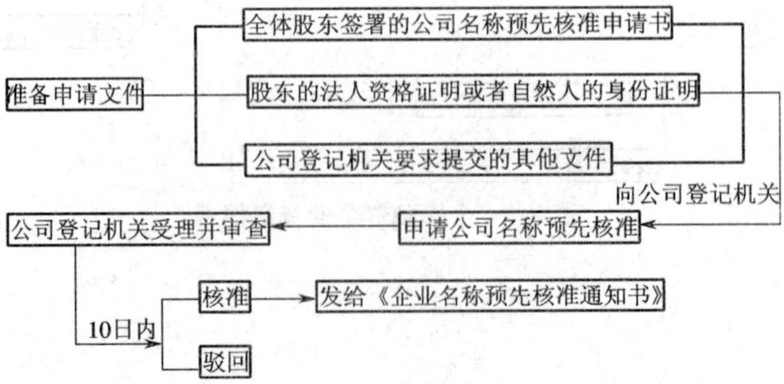

图 3-3　公司名称预先核准流程图

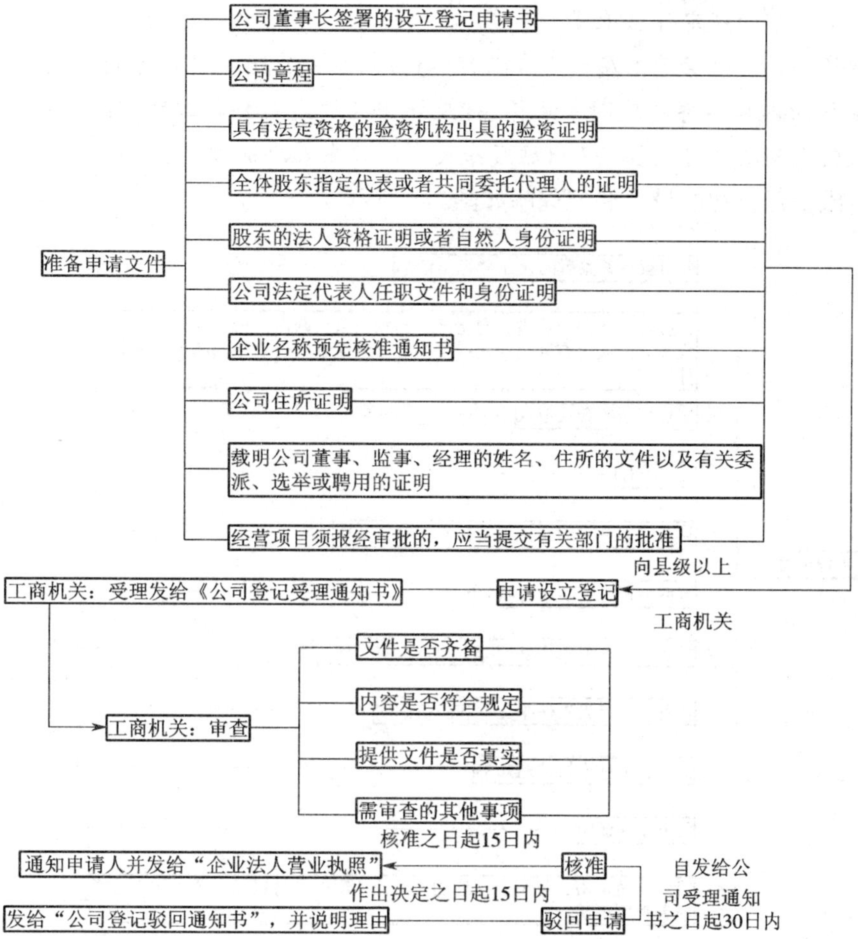

图 3-4　有限责任公司设立登记程序

【知识链接】

股份有限公司的设立登记

设立股份有限公司，董事会应在创立大会结束后的30日内，向公司登记机关申请设立登记，并向登记机关提交下列文件、设立登记申请书；国务院授权部门或者省、自治区、直辖市人民政府的批准文件，募集设立的股份有限公司还应当提交国务院证券管理部门的批准文件；创立大会的会议记录；公司章程；筹办公司的财务审计报告；具有法定资格的验资机构出具的验资证明；发起人的法人资格或者自然人身份证明；载明公司董事、监事、经理的姓名、住所的文件以及有关委派、选举或者聘用的证明文件；公司法定代表人任职文件和身份证明；企业名称预先核准通知书；公司住所证明；国家法律、行政法规规定的应提交的其他文件。

设立登记申请书应当由公司董事长签署，并就申请登记注册事项是否符合国家法律、行政法规和公司章程的规定作出承诺。

公司申请登记的经营范围属于存在法律、行政法规设有限制性规定的应提交审批文件。

公司章程的内容不得违反国家法律、行政规章的规定。公司章程需经半数以上出席创立大会的认股人表决通过或经2/3出席股东大会的股东表决通过。

股份有限责任公司的设立登记程序如图3-5所示。

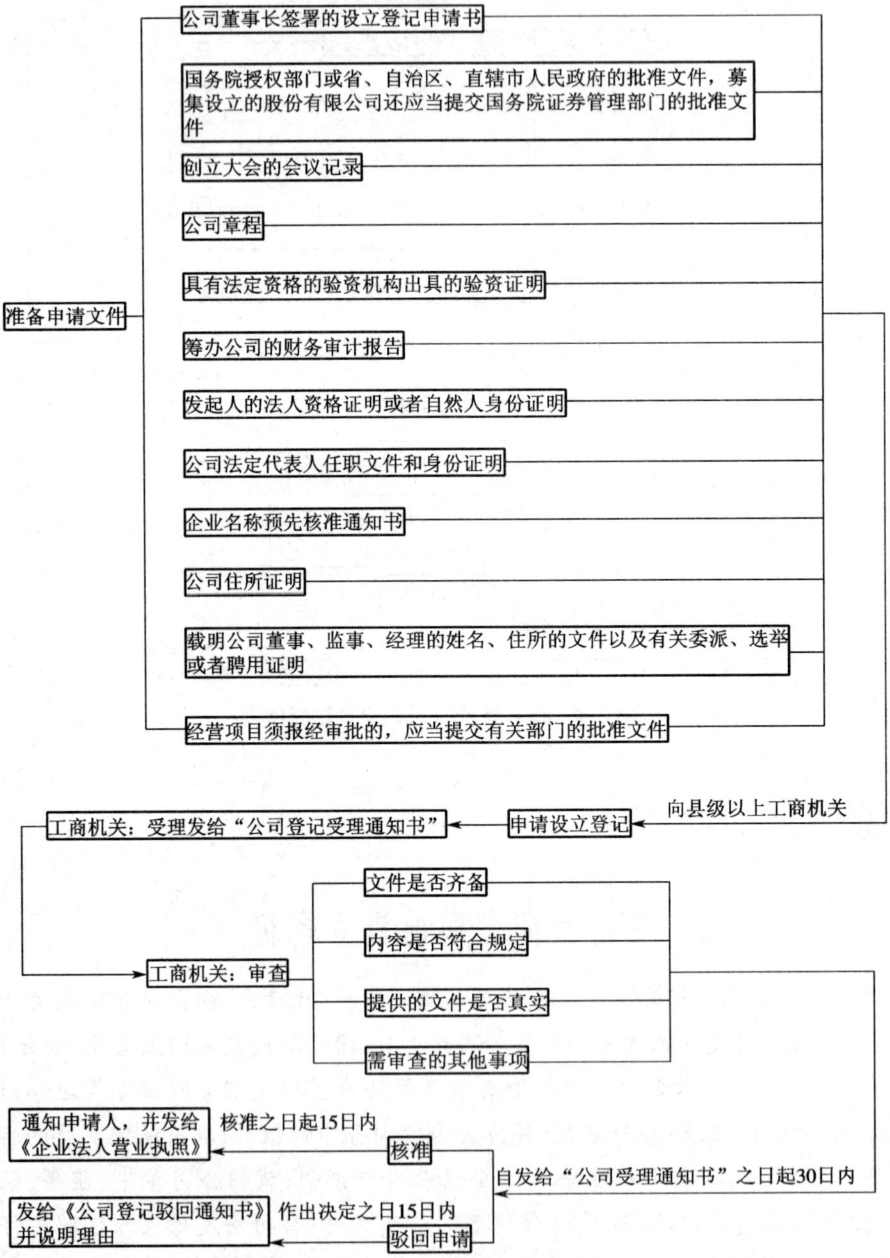

图3-5 股份有限公司设立登记程序

五、企业变更登记

对企业登记的某些事项来说，一旦发生变动，就需要到登记机关进行变更登记。《中华人民共和国公司登记管理条例》规定，需要进行变更登记的事项包括：公司变更名称；公司变更住所；公司变更法定代表人；公司增加或减少注册资本；公司变更经营范围；公司变更类型；有限责任公司变更股东；有限责任公司的股东或股份有限公司的发起人改变姓名或名称；因合并而存续的公司、分立，其登记事项发生改变的。

公司申请变更登记需提交下列有关文件：公司法定代表人签署的变更登记申请书，依照《中华人民共和国公司法》作出的变更决议或决定；企业变更住所应提交新住所使用证明；企业变动注册资本，应提交验资机构出具的验资证明；企业变动经营范围涉及法律、法规有特殊规定的，应提交有关部门的批准文件；公司合并、分立进行变更登记，应提交合并协议或合并、分立决议以及登记报告的证明，股份有限公司因合并、分立进行变更登记，还应提交政府批准公司合并分立的文件。

六、企业法人开业登记收费标准

企业法人开业登记的收费标准为：注册资金总额在 1 000 万以下的，按注册资金总额的 0.8‰收取；注册资金总额在 1 000 万以上的，超过的部分按 0.4‰收取；注册资金总额超过 1 亿元人民币的，超过的部分不再收取。开业登记收费最低款额为人民币 50 元。

不具备法人条件的企业、企业法人设立的不能独立承担民事责任的分支机构，开业登记收取人民币 300 元。

任务三　银行开户与结算

银行作为最基本的金融中介，在企业的投资和融资以及结算过程中发挥着不可替代的作用。企业作为一个经济实体，作为资金的需求者或者是盈余单位，也不可避免地要和银行打交道。如果企业有着良好的声誉和信用记录，就能够以较低的成本筹集大量的资金。所以，企业应该清楚与银行开户和结算的相关程序。

一、银行账户与开户银行

银行账户是指各单位为办理存款、贷款、结算以及现金收付而在银行开立的户头。

根据规定，各单位之间的经济来往，除按《现金管理暂行条例》规定的范围可以使用现金外，应当通过开户银行进行转账结算。银行转账结算最为方便、安全。开立存款账户是与银行建立往来关系的基础，只有在银行开有账户，才能委托银行办理各种资金往来业务。

我国的银行金融机构主要有中国工商银行、中国农业银行、中国银行、中国建设银行、交通银行和中外合资银行等，非银行金融机构主要有信用社、信托投资公司等。

在选择开户银行时应考虑以下因素。

第一，银行经营实力与业务范围。选择资金雄厚、业务种类齐全的银行作为往来对象是十分必要的，只有这样，才能较好地满足日常业务往来的需要，避免由于银行的资金不足而导致资金短缺。

第二，银行服务质量与信誉。银行具有良好的信誉、能提供热情周到的服务，不仅能保障开户单位对自己存款的所有权、支配权，而且还能使开户单位在同银行交往时保持关系融洽，即使出现问题也可顺利解决。

第三，分支机构数量与通汇地区分布。通汇，就是将钱交给甲地银行后，可以到乙地银行支取。同一专业银行系统的各支行之间都可直接通汇，否则要通过转汇环节。各家银行分支机构的多少，决定了该行的通汇面的大小。如果开户单位选择在全国分支机构多的专业银行开户，就可以保证汇款等结算业务畅通无阻、简捷便利，有利于节约交易成本。

第四，距离远近与交通方便程度。选择距离较近、交通较方便的银行开户可使开户单位在今后办理存取现金、交易票据、结算等各种业务时方便及时、安全稳妥。

二、银行账户的种类及适用范围

银行账户分为四大类：基本账户、专用账户、一般账户和临时账户。

（一）基本账户

基本账户是各企业日常办理转账资金收付和现金收付的账户。基本账户可以方便加强资金管理，全面、准确地反映企业的经营活动，一个企业只能在银行开设一个基本账户。符合开户条件的单位，可按照单位的资金性质以及对不同资金管理的要求，分别开立不同种类的基本账户。

（二）专用账户

专用账户是指为加强资金管理，对各单位的专用资金所开设的账户，包括专用资金存款户、贷款户及其他种类的专用资金账户。专用资金，主要指大修理基金、职工福利基金等，各单位的各种专用基金一般应合并开立一个专用基金存款户；贷款户，是各借款单位向银行借款时必须开立的账户，用以记载、反映和监督借款单位使用银行贷款的情况；其他种类的专用资金账户，是为了满足和单位资金管理的需要而设置的账户。

（三）一般账户

一般账户是指存款人基本存款账户以外的银行借款、转存或与基本存款账户的存款人不在统一地点的附属的非独立核算单位开立的账户。一般账户可以办理转账结算和存入现金业务，但不能办理现金支取业务。

（四）临时账户

临时账户是企业因临时经营活动需要开立的账户。企业可以通过该账户办理转账结算和现金收付业务。

三、开立银行账户的程序

开立银行账户的程序包括以下几个步骤。

（一）提交有关开户证明

各类工商企业，必须向银行提交其主管部门出具的证明和工商行政部门发给的营业执照、企业法人代码证原件正本、会计证正本及开户申请书等，上述证明文件经银行审查通过后，由银行发给开户申请书。

（二）填写开户申请书

按照要求，开户申请书要填明申请开户单位的名称、单位性质及级别、上级主管机关、工商管理部门批文号、单位地址、电话、资金来源和运用情况、生产经营范围等。申请书由单位盖章后交由银行审查。

（三）填写印鉴卡片

印鉴是开户单位委托银行从自己的账户中支付款项时，留给银行核对鉴定支付款凭证印章的底样。银行在为单位办理结算业务时，应核对印鉴卡片上预留的印鉴，以保障开户单位的存款安全。印鉴卡片应盖有开户单位公章并载有财务主管及会计经办人员名单。开户单位由于人事变动或其他原因，要求更换印鉴时，应重新填写印鉴卡片，并由开户行注销原卡片上预留的印鉴。单位预留印鉴中的财务公章必须与账户全称一致，印章的字体用隶书或楷书为好，以便银行鉴别真伪。

（四）获得银行编发的账号

开户单位的账号即账户代号，是由银行根据开户单位的行政隶属关系、资金性质指定使用相应的科目，并加上开户单位的顺序号所组成。

（五）确定账户的使用方法

银行设立的账户，从使用方法上分为支票户或存折户。支票户是指使用银行支票办理支取现金、转账、付款业务的账户。开立此种账户要求开户单位收付款业务频繁且数额较大，财务制度和财会人员体系健全等；同时，还要经过银行的严格审查，银行同意。存折户是指由银行售给开户单位一个存折，业务发生时，无论存取现金还是转账收付，都要凭存折办理。此账户适用于账面金额小、业务发生少、缺少专职财会人员的单位和个体经营户。

（六）交存开户款项

开户申请获准后，开户单位应到银行交存一定数额的资金。通常，第一笔开户存款应以转账的形式交存，开户单位可持上级主管部门或集资单位签发的转账支票等交存银行，个体经营户可持现金开户。

（七）领购业务凭证

单位开户后，为了能使用银行账户办理业务，开户单位要向银行购买各种业务所需的凭证，如现金存款凭证、进账单、信汇凭证、电汇凭证、转账支票等。

四、企业债权和债务的结算

对于企业而言，其债权和债务结算分为两种：现金结算和转账结算。现金结算是指直接使用现金完成货币收付的行为，即在商品交易中，一手交钱，一手交货，钱货两清时，完成商品所有权的转移和价款的结算。现金结算在金额不大的情况下较为方便。

转账支票是指不直接使用现金收付，而是使用信用支付工具，通过银行把款项从付款人账户内转移到收款人账户内的一种货币收付行为。在大额商品交易中，使用转账结算，可以非常简单地实现商品交易价款的结算。

国家颁布的《中华人民共和国现金管理暂行条例》明确规定了现金的使用范围。它规定了在商品交易、劳务供应中，超过一定限额的款项，必须使用转账结算。现金结算仅限于单位与个人之间的经济往来以及单位与单位之间结算起点以下的支出。在大额商品交易中，以转账形式结算，价款通过银行账户划转，手续简便，结算时间相应缩短，而且可以采取多种结算方式，使赊销双方结算的在途时间缩短，有利于提高企业的资金效益。

根据《支付结算办法》规定，结算的种类主要有银行汇票、商业汇票、银行本票、支票、汇兑、委托收款等。

第一，银行汇票。银行汇票是汇款人将款项交存当地银行，由银行签发给汇款人持往异地办理转账结算或支取现金的票据。银行汇票适用范围广泛，单位、个体经营户和个人向异地支付各种款项均可使用。此汇票，票随人到，有利于单位和个人的急需用款和异地采购，使用灵活，持票人既可将汇票转让给销货单位，也可通过银行办理分次付款和转汇。银行汇票特别适用于异地间先付款后发货形式的临时采购交易的款项结算。

第二，商业汇票。商业汇票是由收款人或付款人（或承兑申请人）签发，由承兑人承兑，并于到期日向收款人或背书人支付款项的票据。商业汇票分为两种：由付款人承兑的为商业承兑汇票；由银行承兑的为银行承兑汇票。商业汇票在异地和同城均可使用。商业汇票适用于企业单位先发货后付款或双方约定延期付款的商品交易。这种汇票经承兑人承兑，承兑人（即付款人）负有到期无条件支付票据所载金额的责任，使汇票具有较强的信用意味。商业汇票允许背书转让，企业单位凭票据可进行商品交易，有利于商品流通。

第三，银行本票。银行本票是申请人将款项交存银行，由银行签发给其凭证以办理转账或支取现金业务的票据。本票实质上是一种支付承诺。本票分为不定额本票和定额本票两种。定额银行本票面额为 500 元、1 000 元、5 000 元、10 000 元。银行本票在指定城市的同城范围内使用。单位、个体经营户和个人的商品交易、劳务供应以及其他款项的结算都可以使用银行本票。银行本票由银行签发，保证兑付，信誉很高，并可以背书转让。销货方可以见票付货，购货方可以凭票提货，收款人将本票交存银行后，银行即可为其入账。个体经营户和个人需要支取现金，可凭具有“现金”字样的本票随时到银行兑付现金。因此，银行本票适用于购销双方关系不固定的一次性交易及单位与个人之间的交易。

第四，支票。支票是银行存款人签发给收款人办理结算或委托开户银行将款项支付给收款人的票据。支票有现金支票和转账支票两种。凭现金支票可以到银行支取现金，也可以转账；而转账支票只能转账。支票在同一城市或一定的区域范围内可以用于商品交易、劳务供应、清偿债务等款项结算。收款人将支票交存银行，一般当天或次日即可入账用款。支票特别适用于同城范围内购销关系稳定、先付款后发货的商品交易。

第五，汇兑。汇兑是汇款人委托银行将款项汇给异地收款人的结算方式。汇兑分为信汇和电汇两种形式。汇兑方式便利，汇款人向异地主动付款，银行可将款项直接存入收款人账户,也可按照规定,向收款人支付现金。此方式无须购销双方见面,即可实现货币的收付,适用于异地先付款后交货的商品交易。

第六,委托收款。委托收款是收款人向银行提供收款收据,委托银行向付款人收取款项的结算方式。委托收款分为邮寄或电报划回两种。委托收款便于单位主动收款,在同城和异地均可使用,购销双方信誉较好、关系固定、签有经济合同等的商品交易,均可使用这种结算方式。委托收款结算方式特别适用于先发货后收款的交易以及由单位主动收款的各种商品交易和劳务款的结算。

任务四 税务登记

税务登记是创立企业的必经环节之一。依法办理纳税的相关登记手续,是纳税人依法履行纳税义务的基本前提,也是纳税人合法经营的前提。对于企业来讲,只有依法进行了税务登记,才能够得到税务机关的有效管理,并在一定的条件下享受一定的税收优惠。所以,企业经营者不仅要了解现行税制,更应该了解税务管理制度。

税务登记制度也称税制,是税务机关对纳税人的开业、变更、歇业以及生产经营范围实行法定登记的一项管理制度,其内容包括开业登记、变更登记、停复业处理、注销登记、税务登记证验审和更换、非正常户处理等。建立税务登记制度,可以使税务机关了解和掌握纳税人的生产经营情况与纳税户数,便于税务机关控制税额,同时,有利于增强纳税人依法纳税的观念,促进应纳税款及时足额地缴入国库。下面详细介绍其中几项重要内容。

(一)开业登记

开业登记是指从事生产经营或其他业务的单位或个人,在获得工商行政管理机关批准或其他主管机关批准后的一定期间,向税务机关办理注册登记的活动。新设立的企业应当自领取营业执照之日起 30 日内,主动依法向国家税务机关申报办理开业登记。办理开业登记手续的程序如下。

1. 提出书面申请报告

提出书面申请报告并提供下列有关证件、资料:营业执照,有关章程,合同,协议书,银行账号证明,法定代表人或业主居民身份证、护照或者回乡等其他合法证件,总机构所在国家税务机关证明,国家税务机关要求提供的其他有关证件、资料。

2. 填报税务登记表

纳税人领取税务登记表或者注册税务登记表后,应当按照规定内容逐项如实填写,并加盖企业印章,经法定代表人签字或业主签字后,将税务登记表或者注册税务登记表报送主管国家税务机关。企业在外地设立的分支机构或者从事生产、经营的场所,还应当按照规定内容逐项如实填报总机构名称、地址、法定代表人、主要业务范围、财务负责人等。

3. 领取税务登记证件

纳税人报送的税务登记表或者注册税务登记表和提供的有关证件、资料经主管国家税务机关审核后,报有关国家税务机关批准予以登记的,应当按照规定的期限到主管国家税务机关领取税务登记证或者注册税务登记证及其副本，并按规定缴付工本管理费。

（二）变更登记

变更登记是指纳税人的开业登记内容发生了变化而由税务机关根据纳税人申请对原登记内容作修正、记录的活动。纳税人改变名称、法定代表人或者业主姓名、经济类型、经济性质、住所或者经营地点（不涉及改变主管国家税务机关）、生产经营范围、经营方式、开户银行及账号等内容的，纳税人应当自工商行政管理机构办理变更登记之日起30日内，持有关证件向原主管国家税务机关提出变更登记书面申请报告。相关证件包括：①营业执照；②变更登记的有关证明文件；③国家税务机关发放的原税务登记证件（包括税务登记证、注册税务登记证等）；④其他有关证件。纳税人按照规定不需要在工商行政管理机关办理注册登记的，应当自有关机关批准或者宣布变更之日起30日内，持有关证件向原主管国家税务机关提出变更登记书面申请报告。

纳税人办理变更登记时，应当向主管国家税务机关领取变更税务登记表，一式三份，按照表示内容逐项如实填写，加盖企业或者业主印章后，于领取变更税务登记表之日起10日内报送主管国家税务机关，经主管国家税务机关核准后，报有关国家税务机关批准予以变更的，应当按照规定的期限到主管国家税务机关领取签发的税务登记证等有关证件，并按照规定缴付工本管理费。

（三）验证与换证

税务登记证件每年验审1次，每3年更换1次。验审是审查核对其税务登记证和税务登记表的内容与其实际生产经营情况是否一致，有无变更。当年发放的税务登记证免予验审和更换。

模块四　VBSE 综合演练

【模块概述】

VBSE 综合实训是分岗位的角色扮演实训，在启用系统的前提下，由教师端推送任务到学生端，由学生相互配合共同完成线上任务，为了更加接近真实业务，有的岗位需要在完成线上任务的同时配合完成线下手工任务。

项目一　团队组建

【项目概述】

优秀的企业都会有一个优秀的团队，在企业初建期间，每个部门都应该有相应的人员，在不同的岗位各司其职，为公司的经营目标出谋划策。每个岗位的工作都非常重要，所以在初建期间每个员工都应该明确自己的职责，尽快熟悉本岗位的业务流程，按时保质保量地完成本职工作。

任务一　实习动员

一、任务描述

仿真实习开始之前，由指导教师对全体学员做实习动员，动员内容包括实习目的、实习内容、时间安排、实习要求、企业业务及岗位工作职责等。通过实习动员，使学员理解本次实训的目的和意义，明确实训的要求及工作规范等。

二、情景导入

宝乐童车制造厂创建近两年，主打产品是童车，年产值约 3 000 万，随着市场竞争的日趋激烈，为求生存和发展，董事会要求后期 5 个季度内实现收入翻倍。换届选任，招贤纳士中……

大家做好应聘的准备了吗？

三、线上操作

为更好地完成实习动员，全体成员需进入 VBSE 系统，进行关于实习动员、认知岗位职责的资料学习。操作步骤如下。

（1）输入用户名和密码进入系统。

（2）单击任务中心的任务，进入流程界面，学习知识点编码为004006-2、名称为“实习动员”，编码为004008-2、名称为“各组织及对应岗位职责详细介绍”的任务中的内容。

（3）进入知识点编码为002002-2的综合素质测评。综合素质测评由实习系统自动抽题、自动计分，题目包括基本素质、通用管理、营销、采购、生产、仓储、人力资源、行政管理、财务等各方面内容。

在“任务二　CEO候选人竞选”中，可以结合岗位胜任力综合测评结果，再参考个人意愿，推选出CEO备选人员。

四、线下填单

实习动员环节属于线上完成内容，线下无需操作，实训结束后填写当天“岗位工作日志”即可。关于“岗位工作日志”如何填写，详见“任务五　填写工作日志”。

任务二　CEO候选人竞选

一、任务描述

CEO（总经理）参选名单确定后，教师告知参选人竞选演讲规则，包含演讲顺序、演讲时间等；告知选民选举规则，并要求其在听取完所有CEO（总经理）候选人演讲后在VBSE系统的选举界面进行选民投票。

二、情景导入

对于有意竞选CEO的同学，一定要先了解CEO候选人竞选演讲规则，有备而战。若自己是候选人，则要准备竞选演讲；若自己不是候选人，则要根据演讲情况酝酿自己准备给哪位候选人投票。

演讲即将开始，你准备好了吗？

1.CEO候选人注意事项

竞选演讲要在给定的时间内向投票人推销自己，证明自己是最适合岗位要求的，它有相对固定的内容。

（1）开门见山讲自己所竞聘的职务和竞聘的缘由。

（2）简洁地介绍自己的情况，包括年龄、学历、工作经历、现任职务等一些客观情况。

（3）摆出自己优于他人的竞聘条件，如业务水平、工作能力等。（既要有概括的论述，又要有说服力的论据。比如，讲自己的业务能力时，可用一些获得的成果和业绩来证明。）

（4）提出自己任职后的工作思路。（这一部分是重点，应该讲得具体翔实，切实可行。）

（5）用最简洁的话语表明自己的决心。

2. 选民注意事项

选民要根据 CEO 候选人演讲情况酝酿自己准备给哪位候选人投票，依据包括以下几点。

（1）哪位候选人具有领导者的气质。

（2）哪位候选人对于企业经营具有明确的计划。

（3）哪位候选人具有人格魅力、他的组织具有吸引力、能够感召自己加入他的团队。

三、线上操作

为更好地完成 CEO 候选人竞选，全体成员需进入 VBSE 系统，进行关于竞选演讲规、选民选举规则的资料学习。操作步骤如下。

（1）输入用户名和密码进入系统。

（2）单击任务中心的任务，进入流程界面，学习知识点编码为 004099-2、名称为“CEO 候选人竞选演讲”，编码为 004100-2、名称为“学生参加投票选举 CEO”的任务中的内容。

（3）指导教师综合具体情况，确定 CEO 人选，并将其录入系统。

四、线下填单

CEO 候选人竞选环节属于线上完成内容，线下无须操作。教师将确定的 CEO 人选予以公布，并提示 CEO 委任人力资源总监，开始进行现场招聘。

任务三　团队组建

一、任务描述

招聘是企业人力资源部门的重要工作，是企业获得所需人才的主要途径，与企业的各项业务工作开展有着紧密的联系。企业在组织招聘时会依据实际岗位需求确定招聘人员。

二、情景导入

宝乐童车制造厂在确定 CEO 后，CEO 将带领人力资源部总监进行现场招聘，需要在短时间内集中各方力量完成企业团队组建工作，根据岗位设置共招聘 16 人，组建 7 个部门。

全体成员线下填写求职简历，求职简历模板如表 4-1 所示。（简历没有固定格式，资料仅供参考。）

三、线上操作

为更好地进行团队组建，全体成员需进入 VBSE 系统，进行关于简历筛选、面试等资料的学习。操作步骤如下。

（1）输入用户名和密码进入系统。

（2）单击任务中心的任务，进入流程界面，学习知识点编码为 004108-2、名称为“现场招聘团队组建”的任务中的内容。

表 4-1　求职简历空白版

个人简历

姓名		性别		民族		照片
出生日期		籍贯		身体状况		
学历		学制		政治面貌		
毕业学校				专业		
联系方式				家庭住址		
求职意向						
教育背景						
所学课程						
相关证书						
职业技能						
奖励情况						
校内外工作经历						
自我评价						

四、线下填单

全体成员根据企业招聘信息，填写求职简历，并提交到人力资源部，有序参加面试，等待竞聘结果。

求职简历具体填写格式如表 4-2 所示，仅供参考。

表 4-2　求职简历填写参考

个人简历

姓名	××	性别	女	民族	汉	照片
出生日期	19××10	籍贯	天津市	身体状况	健康	
学历	专科（高职）	学制	三年	政治面貌	团员	
毕业学校	天津××职业学院			专业	会计	
联系方式	139××××××××			家庭住址	天津市××××××	
求职意向	期望从事工作：出纳、会计助理等财务类相关工作 期望工作地点：天津					
教育背景	201×年9月—201×年7月　天津××××学院　学生（班长） 201×年9月—201×年7月　天津市××××中学　学生（班长） 200×年9月—201×年7月　天津市××××中学　学生（班长）					
所学课程	基础会计……					
相关证书	会计从业资格证 ……					

续表

职业技能	熟练操作各种办公自动化软件，能够运用灵活文字 掌握了基本的财会小键盘录入技术 ……
奖励情况	201× 年 × 月 被评为“院级优秀三好学生”“校级优秀学生干部” ……
校内外工作经历	2016 年 × 月—2016 年 × 月于 ××× 公司做会计助理工作 ……
自我评价	性格方面：开朗，善于与他人沟通…… 工作方面：细心，耐心，做事情有主见，敢于承担责任……

任务四　岗位维护

一、任务描述

在实训过程中，学员依照自己的专长及现场情况应聘工作岗位，获得单位的聘书后在 VBSE 系统中维护自己的组织及岗位信息。

二、情景导入

在岗位维护实训当天，张兴成功通过竞聘，入职北京宝乐童车制造厂行政助理岗，成为企业正式员工，张兴准备自助上岗。

三、线上操作

为更好地完成岗位维护，全体成员需进入 VBSE 系统，进行相关的资料学习。操作步骤如下。

（1）输入用户名和密码进入系统。

（2）单击任务中心的任务，进入流程界面，学习知识点编码为 004310-2、名称为“自助维护组织与岗位”的任务中的内容。

（3）岗位维护。

①点击“选择组织”蓝色选择框，弹出组织名称。

②选择自己所在的组织，如“北京宝乐童车制造厂”，如图 4-1 所示。

③点击“选择组织”蓝色选择框，弹出岗位名称。

④选择自己的岗位，如“行政助理”，如图 4-2 所示。

四、线下填单

岗位维护实训环节属于线上完成内容，线下无须操作，实训结束后填写当天岗位工作日志即可。关于岗位工作日志如何填写，详见“任务五　填写岗位工作日志”。

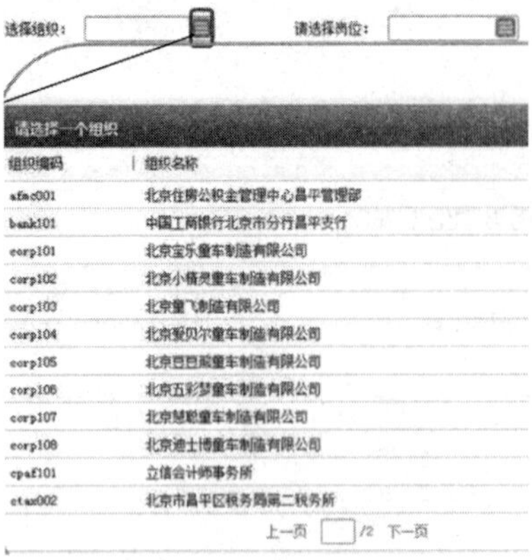

图 4-1 岗位维护—选择组织

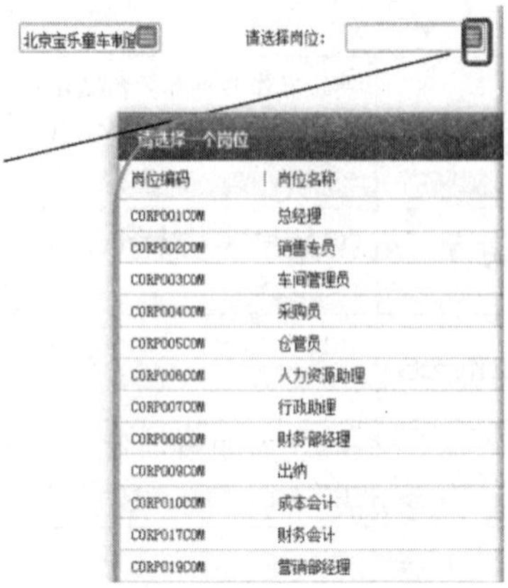

图 4-2 岗位维护—选择岗位

任务五 填写岗位工作日志

一、任务描述

在实训过程中，每天线上、线下任务完成后，要求全体员工填写岗位工作日志。日志以记录为主，也带有总结的特点，是员工实现自我管理和管理者实现跟踪检查管理的重要手段。

二、情景导入

实训当天，宝乐童车制造厂行政助理岗位的人员，需对企业固定资产卡片、固定资产登记簿、企业国有土地使用权证、国有土地使用权出让合同等进行全面掌握，并在线下填写岗位工作日志，如表 4-3 所示。

表 4-3 岗位工作日志空白版

岗位工作日志

公司名称： 岗位： 姓名： 学号： 日期： 年 月 日

内容 项目		主要工作	任务要点描述完成	处理情况			CEO审核意见
				未完成	处理意见或跟进情况	预计完成时间	
当天推送任务	常规任务						
	其他分配事务						
计划外工作	突发事件处理						
	临时事务处理						
组织内部交流（以企业为单位）							
同部门交流体会（以科室为单位）							
当日工作总结							
次日工作计划							

三、线上操作

为更好地完成岗位工作日志的填写，全体成员需进入 VBSE 系统，进行关于日志填写说明的资料学习。操作步骤如下。

（1）输入用户名和密码进入系统。

（2）单击任务中心的任务，进入流程界面，学习知识点编码为 002071-2、名称为“各岗位填写工作日志”的任务中的内容。

四、线下填单

岗位工作日志填写如表 4-4 所示，以下日志以行政助理岗位为例，仅供参考。

表 4-4　岗位工作日志填写参考

岗位工作日志

公司名称：宝乐童车制造厂　岗位：行政助理　　姓名：　学号：　　日期：××年××月××日

<table>
<tr><td colspan="2" rowspan="2">内容
项目</td><td rowspan="2">主要工作</td><td rowspan="2">任务要点描述
完成</td><td colspan="3">处理情况</td><td rowspan="2">CEO
审核
意见</td></tr>
<tr><td>未完成</td><td>处理意见或跟进情况</td><td>预计完成时间</td></tr>
<tr><td rowspan="2">当天推送任务</td><td>常规任务</td><td>①整理固定资产卡片
②查询固定资产登记簿
③明确企业国有土地使用权证
④明晰国有土地使用权出让合同</td><td>①截至 2011 年 9 月 30 日企业拥有固定资产 33 项
②登记簿已将所有固定资产卡片统一记录、管理
③知晓企业国有土地使用权证及国有土地使用权出让合同</td><td>完成</td><td></td><td></td><td>完成</td></tr>
<tr><td>其他分配事务</td><td>协助 CEO 进行人员调配</td><td>财务岗位任务量较重，可协调人员进行协助</td><td>完成</td><td></td><td></td><td>完成</td></tr>
<tr><td rowspan="2">计划外工作</td><td>突发事件处理</td><td colspan="5"></td><td></td></tr>
<tr><td>临时事务处理</td><td colspan="5"></td><td></td></tr>
<tr><td colspan="2">组织内部交流（以企业为单位）</td><td colspan="5">协助 CEO 召开晨会，要求各部门完成期初建账的工作</td><td>完成</td></tr>
<tr><td colspan="2">同部门交流体会（以科室为单位）</td><td colspan="5">企业管理部期初建账工作主要是协助 CEO 部署工作，完成资料整理、审查工作</td><td>完成</td></tr>
<tr><td colspan="2">当日工作总结</td><td colspan="5">期初建账工作主要整理好企业拥有固定资产 33 项，并如实登记在固定资产卡片上面，明确国有土地使用权出让合同，为后续工作做好准备</td><td>完成</td></tr>
<tr><td colspan="2">次日工作计划</td><td colspan="5">填写借款单；领取备用金；草拟《公章、印鉴使用管理制度》；开会讨论修改制度；填写公章、印鉴、资质证照使用申请表；《公章、印鉴使用管理制度》公示，开会组织员工学习</td><td>完成</td></tr>
</table>

项目二 VBSE 岗位职责与任务

【项目概述】

不同类型的企业会设置不同的工作岗位,每个工作岗位的职责和任务都有具体的要求,对于制造业企业大致分设18个工作岗位,按照要求完成职责范围内的所有任务。

任务一 总经理对企业的认知

一、岗位职责

总经理是企业的最高管理者,同时兼任企业管理部的负责人,在董事会领导下,负责总经理职责范围内所有工作。具体职责如下:负责组织制定公司总体战略与年度经营规划;负责组织制定公司经营预算;负责建立和健全公司的管理制度与组织结构;负责主持公司的日常经营管理工作;对公司的经营管理目标负责;负责主持召开有关企业重大决策会议;负责对公司经营状况进行诊断和改进;负责督察和考核各部门的工作状态和经营指标;负责协调公司人力资源;负责协调公司对外联络工作。

二、任务说明

总经理要全面了解公司组织结构和岗位设置,认真阅读交接资料,熟悉市场情况,熟知各部门的工作安排,制定年度经营方针及目标。

具体任务包括:公司组建任务,制作招聘海报、组织招聘、组建团队、召开内部会议、组织岗前培训等;公司经营任务,制定公司战略与经营规划、组织制定公司预算、建立规章制度、健全组织结构、组织销售、组织生产、组织采购、组织财务核算等;公司管理任务,主要包括财务管理(主要是分析财务指标)、税务管理、工商管理、团队管理、召开经营分析会、企业文化管理等。

三、线上操作

为了完成对企业认知的任务,宝乐童车制造厂总经理需要进入VBSE系统,来解读期初数据。具体操作如下。

(1)输入用户名和密码进入系统,如图4-3所示。

图 4-3　输入用户名和密码（任务一）

（2）单击任务中心的任务，进入流程界面，如图 4-4 所示。

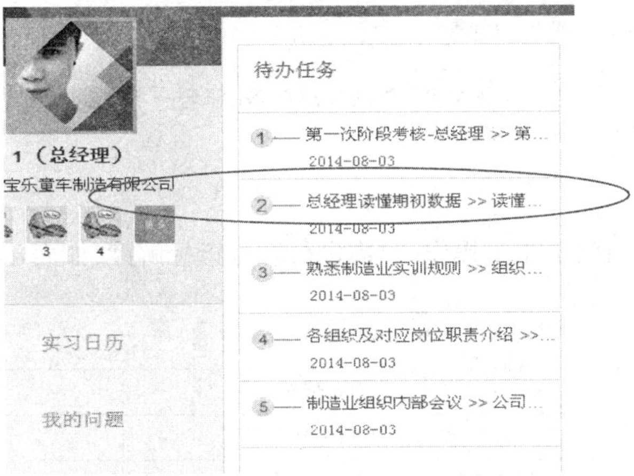

图 4-4　单击任务中心的任务（任务一）

（3）依据流程界面所列任务，先进行任务说明学习，如图 4-5 所示。

（4）再学习业务资料，如图 4-6 所示。

（5）依据业务流程依次完成任务，如图 4-7、4-8 所示。

图 4-5　任务说明（任务一）

图 4-6　业务资料（任务一）

图 4-7　任务流程(任务一)

KF002034-2-001	读懂期初数据	总经理	1	手工操作
KF002034-2-002	阅读常用单据一览表	总经理	1	手工操作

图 4-8　依次完成任务(任务一)

四、线下解读

本任务不需要进行线下手工操作,只需进行重点指标解读,如表 4-5 所示。

表 4-5　重要指标解读

重要指标		目前基本情况	未来发展目标
公司组织结构及岗位设置		7 部门、2 车间、18 岗位	
经营方针及目标	年度经营方针	灵活策略赢市场,加强保管保利润	
	经营目标	—	收入目标 3 250 万元,利润目标 450 万元,权益变动 5.6%
市场分析	产品种类及地区	阅读、了解	—
	市场定位	经济型童车	争取农村市场
	经销渠道	传统分销渠道	网络新媒介销售渠道
	产品定价	已定价产品:经济型童车 660 元 / 辆	待定价产品:舒适型、豪华型
	市场份额	—	—
各部门计划安排	采购、生产、仓储	现有设备:普通机床 10 台、组装生产机床 1 台 现有厂房:厂房、仓库各 1 个 注意安全生产,警惕意外发生的	拟购置设备:数控机床 1 台 拟新增厂房:将新建或租赁 注意生产运营的各阶段安排及责任岗位
	销售部	广告费投放策略	业绩目标:900 万辆
	企管部、人力资源部	重点工作及责任人	重点考核指标
	财务部	目前资产、负债、所有者权益状况	筹资方式及费率

任务二　行政助理对岗位的认知

一、岗位职责

行政助理由总经理任命，工作涉及各个部门的多种工作，比较烦琐，行使对公司经营过程中的日常行政管理，承担执行公司规章制度、管理规程等工作。具体职责如下：负责企业日常行政工作的管理与协调；负责协助制定公司各项管理规章、制度；负责各种合同、公文、档案等文字资料的整理归档；负责企业证照的办理、年审、更换、作废等管理，印章的保管、使用管理等；负责企业各部门办公用品的领用和分发工作；负责公司固定资产设备的管理等。

二、任务描述

行政助理要明确自己的岗位职责，认真阅读交接资料。具体任务如下：公司组建的任务包括管理办公用品、组织九宫格活动；公司经营过程中的任务包括部门工作考核、规章制度协助制定、办公用品管理、合同公文档案管理、证照印章管理、资产设备管理、会议组织等内容。

三、线上操作

为了完成相应任务，行政助理需要进入 VBSE 系统，来解读期初数据，进行期初建账。具体操作如下。

（1）输入用户名和密码进入系统，如图 4-9 所示。

（2）单击任务中心任务，进入流程界面，如图 4-10 所示。

（3）依据流程界面所列任务，先进行任务说明学习，如图 4-11 所示。

（4）再学习业务资料，如图 4-12 所示。

图 4-9　输入用户名和密码（任务二）

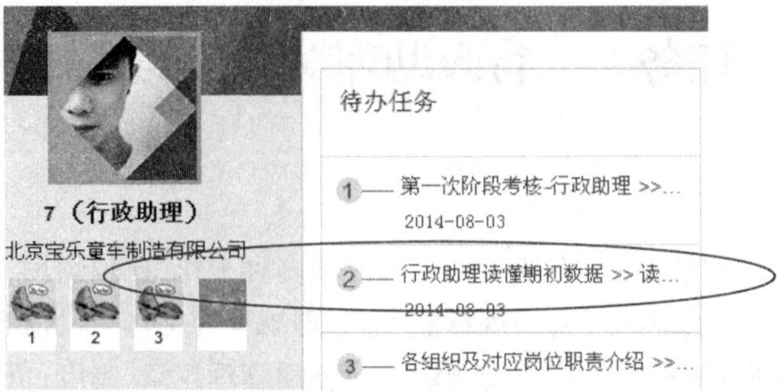

图 4-10 单击任务中心的任务(任务二)

图 4-11 任务说明(任务二)

图 4-12 业务资料(任务二)

(5)依据业务流程依次完成任务(注意每完成一项点击右上角“完成任务”图标),如图 4-13、4-14 所示。

图 4-13 任务流程(任务二)

任务编码	任务名称	执行角色	执行人	任务类型
KF002035-2-001	读懂期初数据	行政助理	7	手工操作
KF002035-2-002	阅读常用单据一览表	行政助理	7	手工操作

图 4-14 依次完成任务(任务二)

四、线下解读

行政助理填写固定资产卡片,如表 4-6 所示。

表 4-6 固定资产卡片

卡片编号 001 日期 2009/12/31

固定资产编号	012001		固定资产名称	办公大楼
类别编号	012		类别名称	非生产用房
规格型号			使用部门	企管部

续表

增加方式	购入		存放地点	
使用状况	在用	预计使用年限 40 年	折旧方法	直线法
开始使用日期	2009/12/31	已计提月份	21	
原值 / 元	6000000	净残值 / 元	0	
累计折旧 / 元	262500			
净值 / 元	5737500	折旧费用类别	管理费用	
资产变动历史				
日期	变动事项	变动原因	变动说明	备注

温馨提示：当月新购入固定资产不提折旧，因此该办公大楼折旧从 2010 年 1 月开始计提，至 2011 年 10 月份共计提 21 个月，按年限平均法提折旧，月折旧额 =6 000 000/480=12 500 元。

任务三　营销部经理对销售的认知

一、岗位职责

营销部经理是营销部的负责人，在总经理的领导下，与各部门有效配合，全面负责销售部的所有工作。具体职责如下：负责本部门营销管理制度的制定；负责制定公司营销总体规划并组织实施；负责编制本部门的营销预算，并严格控制；负责制订和组织实施本部门营销计划并监督执行；负责本部门业务的经营分析；负责本部门各项业务审批审核工作；负责对本部门员工绩效考核；负责本部门员工管理；完成公司总经理交办的其他临时性工作。

二、任务描述

营销部经理要明确自己的岗位职责，认真阅读交接资料，解读销售预测、市场预测以及客户信息等资料，根据市场走向制定销售策略。具体工作包括市场调研与分析、广告投放申请、产品定价、营销企划方案编制、营销企划方案跟进、部门预算编制、部门规章制度制定、销售合同审批、销售发货计划审批、广告费财务报销、部门工作会议召开、部门员工绩效考核。

三、线上操作

为了完成相应任务，了解市场和销售的情况，营销部经理需要进入 VBSE 系统，来解读期初数据。具体操作如下。

（1）输入用户名和密码进入系统，如图 4-15 所示。

图 4-15 输入用户名和密码(任务三)

(2)单击任务中心的任务,进入流程界面,如图 4-16 所示。

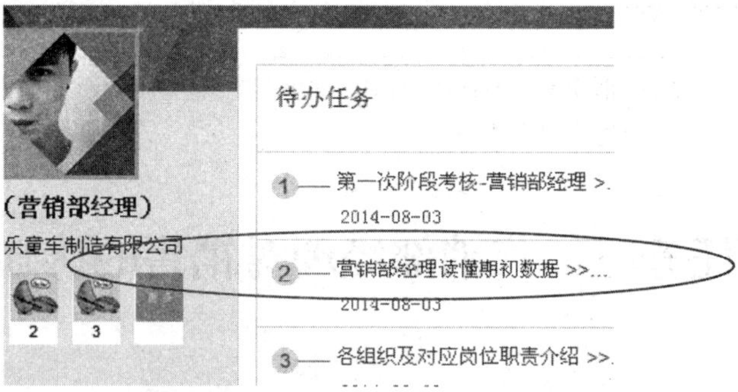

图 4-16 单击任务中心(任务三)

(3)依据流程界面所列任务,先进行任务说明学习,如图 4-17 所示。

(4)再学习业务资料,如图 4-18 所示。

图 4-17 任务说明(任务三)

图 4-18 业务资料(任务三)

(5)依据业务流程依次完成任务,如图 4-19、4-20 所示。

图 4-19　任务流程(任务三)

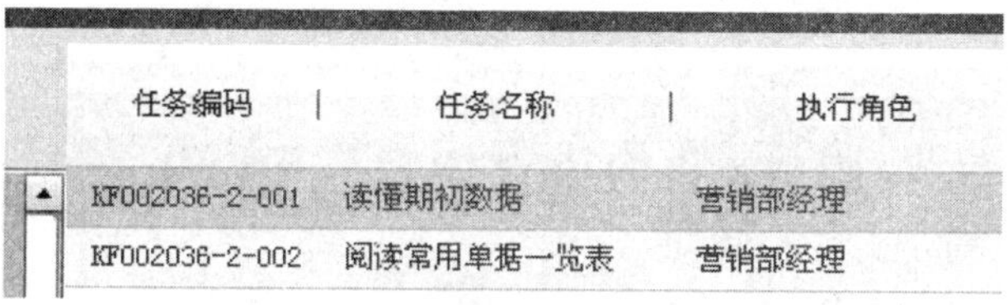

任务编码	任务名称	执行角色
KF002036-2-001	读懂期初数据	营销部经理
KF002036-2-002	阅读常用单据一览表	营销部经理

图 4-20　依次完成任务(任务三)

四、线下解读

本任务不需要进行线下手工操作,只需进行重点指标解读,如表 4-7 所示。

表 4-7　重要指标解读

序号	需解读的重要指标	数据来源	解读参考
1	企业下季度预计销量与生产能力的匹配度	销售预测、车间产能报表	预计销售量 14 000 辆,预计可用产能 15 000 辆
2	下一年销售策略	市场预测	销售量上升、价格下降,制定广告投放策略
3	客户管理	客户信息汇总表	两个长期客户

任务四　销售专员对销售环节的认知

一、岗位职责

销售专员是在营销经理的领导下,负责完成公司下达的销售指标,负责指定区域内公司产品的客户推广和销售管理工作,其主要职责如下:负责搜集与寻找潜在客户、开发新客户、拓展新老客户的业务;负责与客户进行产品销售沟通与商务谈判;负责销售合同的签订;负责销售合同的履行与管理等相关工作,包括及时组织货源、发货与货款回收;负责建立客户档案,做好产品的售后服务工作,经常走访,维护客户关系;负责公司产品销售竞单工作;负责编制销售统计报表;部门经理安排的其他工作。

二、任务描述

销售专员要明确自己的岗位职责，认真阅读交接资料，解读销售计划，跟踪销售订单的进度，编制销售发货计划，销售发货，进行客户关系管理，与客户谈判并签订销售合同，销售竞单，建立客户档案，管理应收账款等。

三、线上操作

为了完成相应任务，了解市场和销售的情况，销售专员需要进入 VBSE 系统，来解读期初数据。具体操作如下。

（1）输入用户名和密码进入系统，如图 4-21 所示。

图 4-21 输入用户名和密码（任务四）

（2）单击任务中心的任务，进入流程界面，如图 4-22 所示。

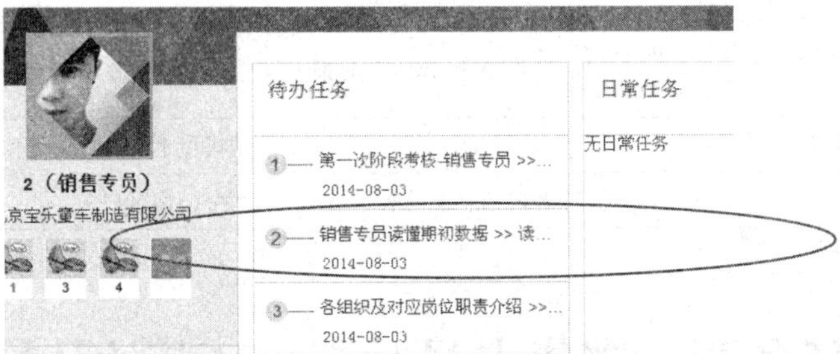

图 4-22 单击任务中心的任务（任务四）

（3）依据流程界面所列任务，先进行任务说明学习，如图 4-23 所示。

（4）再学习业务资料，如图 4-24 所示。

图 4-23 任务说明（任务四）

图 4-24 业务资料（任务四）

（5）依据业务流程依次完成任务，如图 4-25、4-26 所示。

图 4-25　任务流程（任务四）

任务编码	任务名称	执行角色	执行人	任务类型
KF002037-2-001	读懂期初数据	销售专员	2	手工操作
KF002037-2-002	阅读常用单据一览表	销售专员	2	手工操作

图 4-26　依次完成任务（任务四）

四、线下解读

本任务不需要进行线下手工操作，只需进行重点指标解读。

（1）根据销发货明细表，了解到企业 u110001 订单销售 4 000 辆经济型童车，款项尚未收回，订单约定 10 月 8 日收款，销售专员应催款。

（2）根据库存报表了解到企业 10 月初库存 2 000 辆经济型童车。

（3）根据客户信息汇总表掌握企业的客户信息。

任务五　市场专员对市场的认知

一、岗位职责

市场专员是在营销经理的领导下，承担公司产品市场调查、市场分析与预测、市场开发、产品开发、产品促销等工作，其主要职责如下：负责相关市场调查与分析，为公司产品研发、生产及销售提供决策支持；负责根据市场调研与分析的结果，对公司的产品销售进行预测；负责根据市场调研与分析的结果，制订公司新产品开发计划；负责公司广告方案的策划与实施；负责编制公司广告预算；部门经理安排的其他工作。

二、任务描述

市场专员要明确自己的岗位职责，认真阅读交接资料，解读市场预测，了解市场发展趋势,进行市场调研、销售预测、市场开拓、广告投放申请、新产品开发计划制订、广告预算编制、产品定价、广告费报销等工作,并配合进行营销策划。

三、线上操作

为了完成相应任务,了解市场和营销的情况,市场专员需要进入 VBSE 系统,来解读期初数据。具体操作如下。

(1)输入用户名和密码进入系统,如图 4-27 所示。

图 4-27　输入用户名和密码(任务五)

(2)单击任务中心的任务,进入流程界面,如图 4-28 所示。

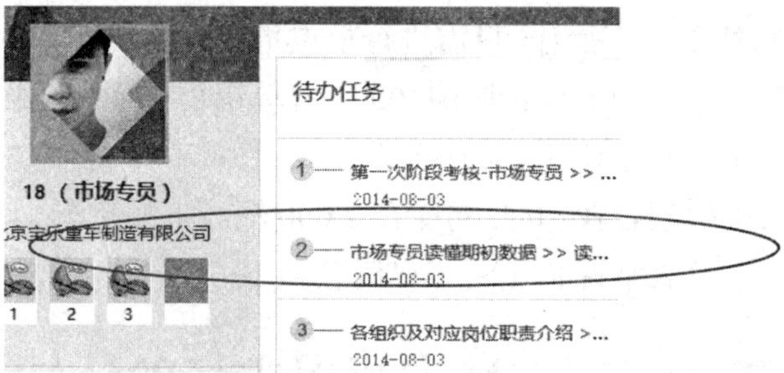

图 4-28　单击任务中心的任务(任务五)

(3)依据流程界面所列任务,先进行任务说明学习,如图 4-29 所示。

(4)再学习业务资料,如图 4-30。

图 4-29　任务说明(任务五)

图 4-30　业务资料(任务五)

(5)依据业务流程依次完成任务,如图 4-31、4-32 所示。

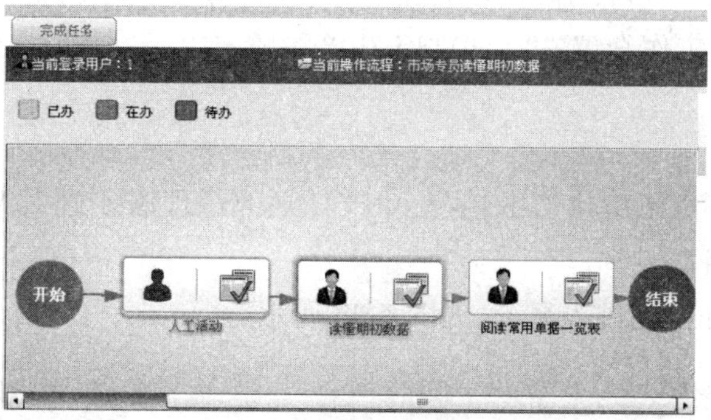

图 4-31　任务流程(任务五)

任务编码	任务名称	执行角色
KF002038-2-001	读懂期初数据	市场专员
KF002038-2-002	阅读常用单据一览表	市场专员

图 4-32　依次完成任务(任务五)

四、线下解读

本任务不需要进行线下手工操作,只需进行重点指标解读。

(1)未来市场前景良好,需求量会有明显增加,但是随着竞争的激烈,产品的单价呈下降趋势。

(2)产品型号更加丰富,出现舒适型和豪华型童车的需求。

(3)根据市场预测准备广告方案并进行新一轮的产品销售竞争。

任务六　生产计划部经理对生产的认知

一、岗位职责

生产计划部经理是生产计划部的负责人,在总经理领导下,全面负责和完成公司生产部门的所有工作。具体职责如下:负责制定本部门生产战略并组织实施;负责组织制订生产计划;负责编制本部门的生产预算,并进行各项审批审核工作;负责制定部门的生产规章、制度;负责组织设备采购计划的制订、设备的维护保养;负责组织实施新产品开发计划;负责与人力资源部门协调,进行生产人员配备。

二、任务描述

生产计划部经理要明确自己的岗位职责,认真阅读交接资料,明确产能,具体任务包括:

编制生产预算、制定规章制度、组织新产品开发、购买生产设备、审批生产计划、审批物料需求计划、审批生产通知单、审批请购单、审批领料单/出库单/完工入库单、配置生产人员、考核部门绩效、召开部门工作会议,进一步制定生产策略。

三、线上操作

为了完成相应任务,了解生产的情况,生产计划部经理需要进入 VBSE 系统,来解读期初数据。具体操作如下。

(1)输入用户名和密码进入系统,如图 4-33 所示。

图 4-33 输入用户名和密码(任务六)

(2)单击任务中心的任务,进入流程界面,如图 4-34 所示。

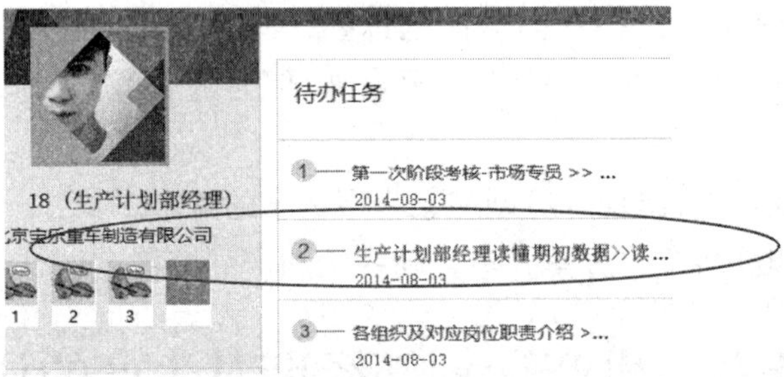

图 4-34 单击任务中心的任务(任务六)

(3)依据流程界面所列任务,先进行任务说明学习,如图 4-35 所示。

(4)再学习业务资料,如图 4-36 所示。

图 4-35 任务说明(任务六)

图 4-36 业务资料(任务六)

(5)依据业务流程依次完成任务,如图 4-37、4-38 所示。

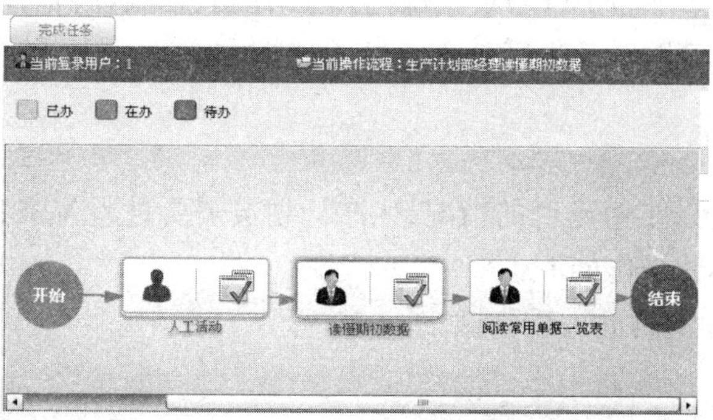

图 4-37 任务流程(任务六)

任务编码	任务名称	执行角色
KF002038-2-001	读懂期初数据	生产计划部经理
KF002038-2-002	阅读常用单据一览表	生产计划部经理

图 4-38 依次完成任务(任务六)

四、线下任务

本任务不需要进行线下手工操作,只需进行重点指标解读。

(1)未来市场前景良好,需求量会有明显增加,但是随着竞争的激烈,产品的单价呈下降趋势,成本方面要考虑降低。

(2)需求呈现舒适豪华,产品制造要更加精益求精。

(3)生产过程中要考虑新产品开发。

任务七 生产计划员对生产的认知及期初建账

一、岗位职责

生产计划员是根据客户订单及市场预测结合企业实际产能与原材料供应情况,在不影响交货的前提下编制合理均衡的生产计划,并安排生产。具体职责如下:负责制订企业的主生产计划;负责编制物料需求计划;负责填写生产通知单,并派发给生产车间;负责进行生产监控,保证生产计划的实现;负责进行日常的物料管理与控制,使得物料配套供应满足正常的生产所需。

二、任务描述

生产计划员要明确自己的岗位职责,认真阅读交接资料,明确派工单的作用并会填制派工单，登记生成执行情况表，熟悉生产领料、生产加工、产品入库、生产统计和设备维护的日常业务流程；同时进行归档整理 BOM、编制主生产计划、编制物料需求计划、填写并派发生产通知单、填写并发放请购单及进行生产监督、物料监控等。

三、线上操作

为了完成相应任务，了解生产的情况，生产计划员需要进入 VBSE 系统，来解读期初数据，进行期初建账。具体操作如下。

（1）输入用户名和密码进入系统，如图 4-39 所示。

图 4-39 输入用户名和密码（任务七）

（2）单击任务中心的任务，进入流程界面，如图 4-40 所示。

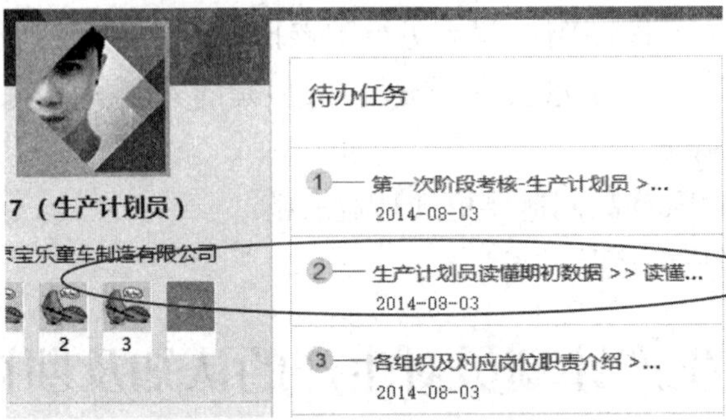

图 4-40 单击任务中心的任务（任务七）

（3）依据流程界面所列任务，先进行任务说明学习，如图 4-41 所示。

（4）再学习业务资料，如图 4-42 所示。

图 4-41 任务说明（任务七）

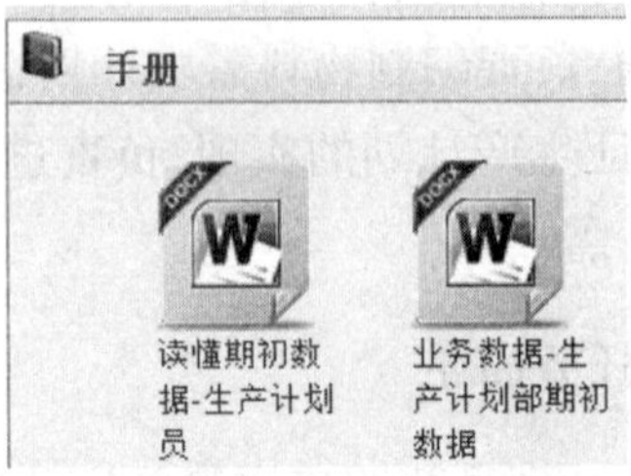

图 4-42 业务资料（任务七）

(5)依据业务流程依次完成任务,如图 4-43、4-44 所示。

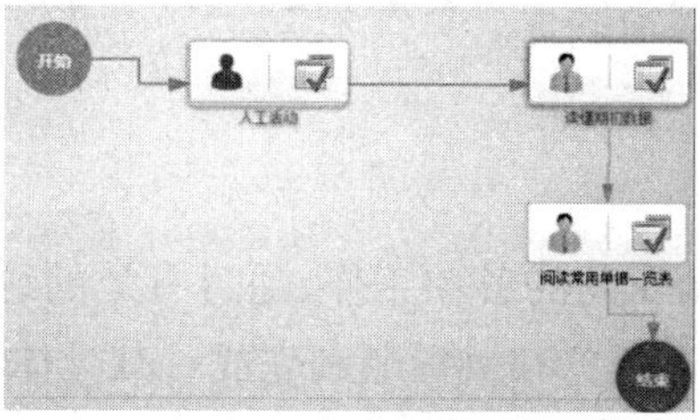

图 4-43　任务流程(任务七)

任务编码	任务名称	执行角色
KF002040-2-001	读懂期初数据	生产计划员
KF002040-2-002	阅读常用单据一览表	生产计划员

图 4-44　依次完成任务(任务七)

四、线下任务

期初建账时,生产计划员需要根据前任计划员填制好的派工单,来抄写并发出派工指令,下面是两个具体的派工单,如表 4-8,4-9 所示。

生产计划员于 2011 年 9 月 8 日发出派工指令,两种产品分别是经济车架 5 000 个、经济童车 4 000 辆,计划完成时间是 2011 年 10 月 8 日。

表 4-8　经济车架派工单

派工部门:生产计划部

派工单号:SC-PG-201109001　　派工日期:2011 年 09 月 08 日

产品名称	工序	工序名称	工作中心	生产数量	计划进度	
					开始日期	完工日期
经济车架	20	机加工	普通机床	5 000	9 月 8 日	10 月 8 日

生产计划部经理:右润 | 车间管理员:周群

表 4-9　经济童车派工单

派工部门:生产计划部

派工单号:SC-PG-201109002　　派工日期:2011 年 09 月 08 日

产品名称	工序	工序名称	工作中心	生产数量	计划进度	
					开始日期	完工日期
经济童车	20	组装	组装生产线	4 000	9 月 8 日	10 月 8 日

生产计划部经理:右润 | 车间管理员:周群

任务八　车间管理员对车间工作的认知及期初建账

一、岗位职责

车间管理员全面负责所辖车间的各项工作，通过有效的统筹、调度安排，实现车间生产效率最大化，保证企业各项生产任务和目标顺利完成。其具体职责如下：按公司下达的生产任务，编制生产作业计划，全面完成生产计划；负责原材料领用和产品完工入库；负责生产过程中物料的控制与管理，降低物料成本。

二、任务描述

车间管理员要明确自己的岗位职责，认真阅读交接资料，接收生产计划员传递的派工单，根据派工单登记生产执行情况表，编制生产作业计划、配备生产线人员、领取原材料、实施生产、完成产品入库、填写产品质检单、填写生产报表。

三、线上操作

为了完成相应任务，了解当前生产的情况，车间管理员需要进入 VBSE 系统，来解读期初数据，进行期初建账。具体操作如下。

(1)输入用户名和密码进入系统，如图 4-45 所示。

图 4-45　输入用户名和密码(任务八)

(2)单击任务中心的任务，进入流程界面，如图 4-46 所示。

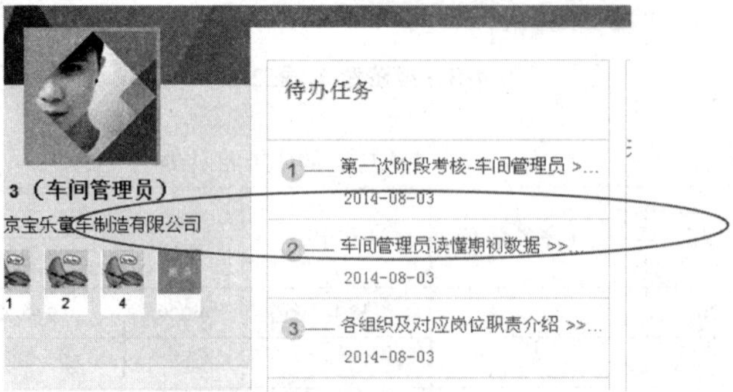

图 4-46　单击任务中心的任务(任务八)

(3)依据流程界面所列任务,先进行任务说明学习,如图 4-47 所示。

(4)再学习业务资料,如图 4-48 所示。

图 4-47　任务说明(任务八)

图 4-48　业务资料(任务八)

(5)依据业务流程依次完成任务,如图 4-49 所示。

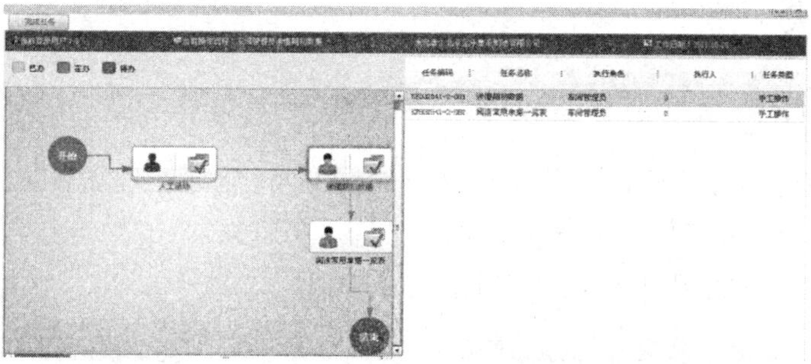

图 4-49　任务流程(任务八)

四、线下任务

根据派工单完成生产执行情况表的填写,如表 4-10 所示。

表 4-10　生产执行情况表

制表部门:生产计划部　制表日期　　2011 年 09 月 30 日

派工单号	产品名称	领料情况	开工数量	完工数量	开工日期	计划完工日期	完工日期	产品数量	完工入库数量	产品入库日期	备注
SC-PG-201109001	经济车架	已领	5 000		2011.9.08	2011.10.08		5 000			
SC-PG-201109002	经济童车	已领	4 000		2011.9.08	2011.10.08		4 000			

任务九　仓储部经理对仓储的认知及期初建账

一、岗位职责

仓储部经理是仓储部的负责人,在总经理的领导下,负责完成企业年度的仓储规划、制订部门作业计划、控制库存成本和库存费用等工作。具体职责如下:负责制定本部门的管理制度;负责制定本部门的仓储规划并组织实施;负责编制本部门的仓储作业计划;负责编制本部门的库存费用预算；负责进行合理库存控制，加快存货周转速度，降低库存成本；负责核实对物料收发存的管理，并监督仓库进行盘点清查，保证账、物、卡相符；负责物资的出入库管理，并对各类出入库单据进行整理归档；负责物资的合理存放、保管和防护工作；负责物资的日常盘点。

二、任务描述

仓储部经理要明确自己的岗位职责，认真阅读交接资料，解读库存期初数据，根据物料清单熟悉产品结构，根据产能报告了解产能情况；同时负责填写库存台账，制定仓储制度，编制仓储作业计划、编制部门费用预算、控制库存、管理仓储布局、管理仓储安全、核实物料收发存、管理员工绩效。

三、线上操作

为了完成相应任务，了解仓储及物料进出的情况，仓储部经理需要进入 VBSE 系统，来解读期初数据，进行期初建账。具体操作如下。

（1）输入用户名和密码进入系统，如图 4-50 所示。

图 4-50 输入用户名和密码（任务九）

（2）单击任务中心的任务，进入流程界面，如图 4-51 所示。

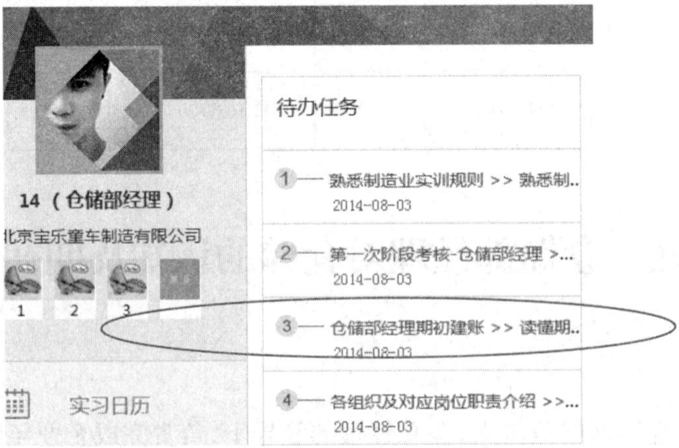

图 4-51 单击任务中心的任务

（3）依据流程界面所列任务，先进行任务说明学习，如图 4-52 所示。

（4）再学习业务资料，如图 4-53 所示。

（5）依据业务流程依次完成任务，如图 4-54、4-55 所示。

图 4-52　任务说明（任务九）

图 4-53　业务资料（任务九）

图 4-54　任务流程（任务九）

任务编码	任务名称	执行角色	执行人	任务类型
KF002042-2-001	读懂期初数据	仓储部经理	14	手工操作
KF002042-2-002	阅读常用单据一览表	仓储部经理	14	手工操作

图 4-55　依次完成任务（任务九）

四、线下任务

仓储部经理需要建立库存台账，将物料的库存期初数据填入库存台账，完成期初建账，完成一物对一账的存货台账，如表 4-11 所示。

表 4-11　库存台账

存货台账——钢管													
2011 年		凭证号数	摘要	出库			入库			结存		
月	日			数量	单价	金额	数量	单价	金额	数量	单价	金额
10	1		上月盘存							5 000		

注意：有多少种产品、原材料，要建多少个库存台账。

任务十 仓管员对库存的认知及期初建账

一、岗位职责

仓管员是在仓储部经理的领导下，按照仓储部经理下达的作业计划，规范地完成物资入出库、库存保管、盘点、库存控制等工作，保证企业生产和销售所需物资的及时供应。具体职责如下：负责执行仓库的物料入库、保管、出库等日常工作；负责合理安排物料在仓库内的存放次序；负责仓库区域内的安全、防盗、消防工作；负责维护物料的存储环境；负责定期对仓库物料盘点清仓，做到账、物、卡三者相符；负责处理物料仓库单据、账册的整理归档；负责完成上级领导交办的其他临时性工作。

二、任务描述

仓管员要明确自己的岗位职责，认真阅读交接资料，按照要求填写物料卡和仓库占用统计表，填写入库单、填写出库单、填写盘点单、填写库存台账，负责仓储材料、产品的保管和统计，做到账实相符。

三、线上操作

为了完成相应任务，了解库存的情况，仓管员需要进入VBSE系统，来解读期初数据，进行期初建账。具体操作如下。

（1）输入用户名和密码进入系统，如图4-56所示。

图4-56 输入用户名和密码（任务十）

（2）单击任务中心的任务，进入流程界面，如图4-57所示。

（3）依据流程界面所列任务，先进行任务说明学习，如图4-58所示。

（4）再学习业务资料，如图4-59所示。

（5）依据业务流程依次完成任务，如图4-60、4-61所示。

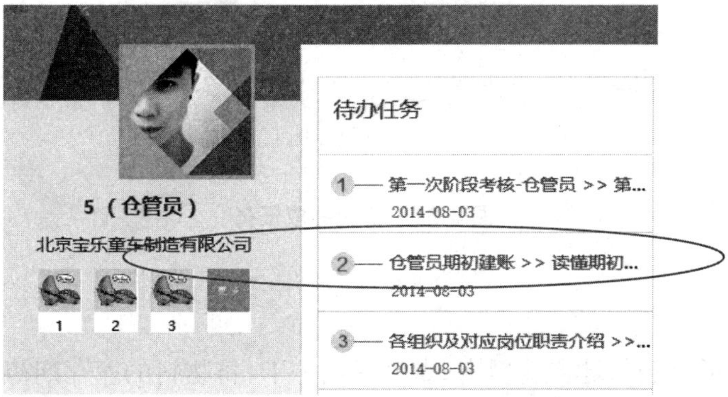

图 4-57　单击任务中心的任务（任务十）

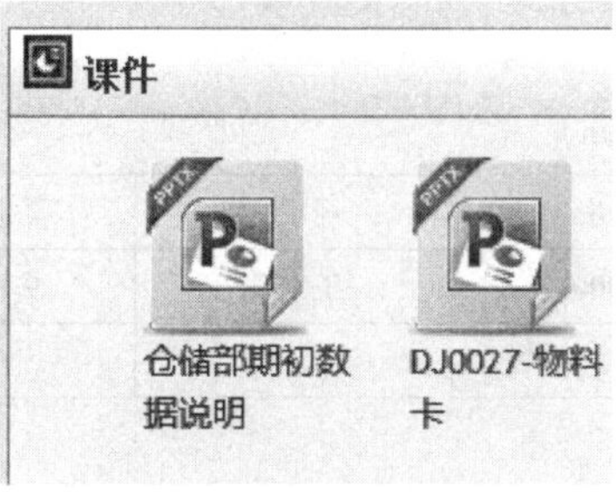

图 4-58　任务说明（任务十）

图 4-59　业务流程（任务十）

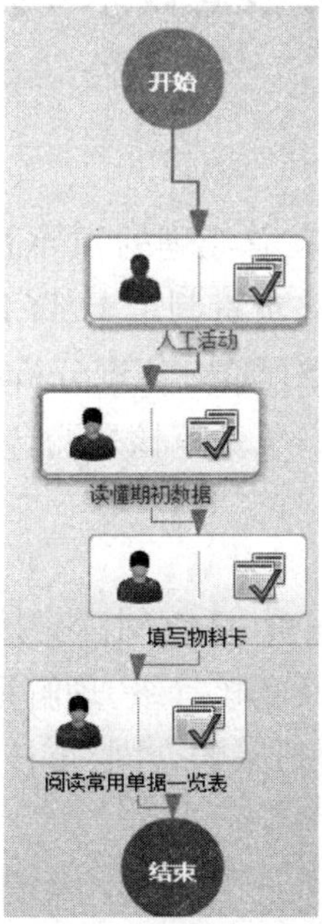

图 4-60　任务流程（任务十）

任务编码	任务名称	执行角色	执行人	任务类型
KP002043-2-001	读懂期初数据	仓管员	5	手工操作
KP002043-2-002	填写物料卡	仓管员	5	手工操作
KP002043-2-003	阅读常用单据一览表	仓管员	5	手工操作

图 4-61 依次完成任务

四、线下解读

仓管员根据期初资料，建立物料卡，做到一物一卡，将物料的库存期初数量填入物料卡，如表 4-12 所示。

表 4-12 物料卡

存货类别：原材料　　仓位：A01

物料名称：钢管　　规格：φ 外 16/φ 内 11/L5 000 mm

日期	入库	出库	结余	经手人	备注
2011.9.30			5 000	王宝珠	9 月盘存

注意：有多少种产品、原材料，要建多少个物料卡。

任务十一 采购部经理对采购的认知及期初建账

一、岗位职责

采购部经理是采购部的负责人，在总经理的领导下，与各部门有效配合，全面负责和完成采购部的所有工作。具体职责如下：负责制定本部门的采购管理制度；负责制定公司采购规划并组织实施；负责编制本部门采购预算；负责分析和预测市场行情；负责参与收集供应商信息；负责开发、选择及评定供应商；负责审核采购合同并监督执行；负责审核采购订单。

二、任务描述

采购部经理要明确自己的岗位职责，认真阅读交接资料，解读供应商的详细信息，读懂供应商的考核评价表，注意考核指标及考核等级，理解采购对产能的影响，起草采购制度，编制采购预算，分析和预测市场行情，审核采购合同，审核采购订单，选择和评定供应商并召开部门工作会议，跟踪合同执行情况。

三、线上操作

为了完成相应任务，了解采购流程及供应商的信息，采购部经理需要进入 VBSE 系统，来解读期初数据，进行期初建账。具体操作如下。

（1）输入用户名和密码进入系统，如图 4-62 所示。

图 4-62　输入用户名和密码（任务十一）

（2）单击任务中心的任务，进入流程界面，如图 4-63 所示。

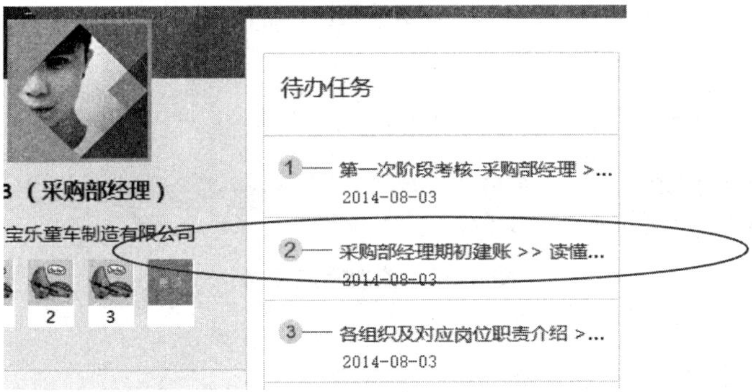

图 4-63　单击任务中心的任务（任务十一）

（3）依据流程界面所列任务，先进行任务说明学习，如图 4-64 所示。

（4）再学习业务资料，如图 4-65 所示。

图 4-64　任务说明（任务十一）

图 4-65　业务资料（任务十一）

（5）依据业务流程依次完成任务，如图 4-66、4-67 所示。

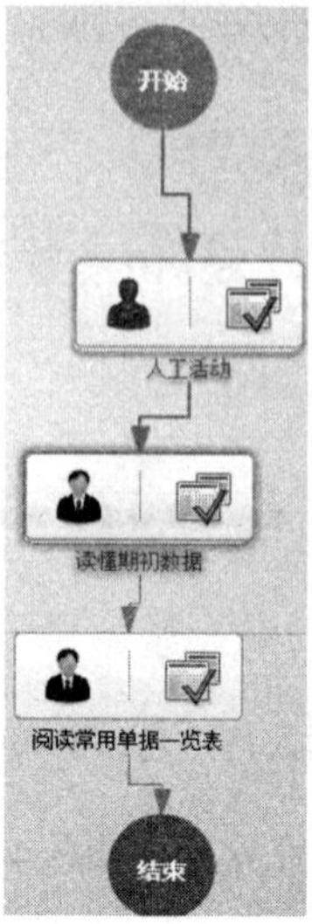

图 4-66　任务流程（任务十一）

任务编码	任务名称	执行角色	执行人	任务类型
KP002044-2-001	读懂期初数据	采购部经理	13	手工操作
KP002044-2-002	阅读常用单据一览表	采购部经理	13	手工操作

图 4-67　依次完成任务

四、线下解读

采购部经理为了保证生产顺利进行，必须按时足量地提供生产所需物料，为了达到这样的目标，需要制定采购制度并经过评议打印。

采购部经理用 Word 软件起草采购制度并打印，主要包括以下内容：按季度与供应商签订采购合同；每月向各供应商下达 1 次订单；从发出采购订单到收到采购物料的时间为 1 个月，即采购提前期为 1 个月；收到物料、收到货物后的次月支付货款；发出订单和收到物料后，填写采购合同执行情况表和供应商考核记录表。

任务十二　采购员对采购的认知及期初建账

一、岗位职责

采购员负责收集供应商资料信息，编制采购计划并进行跟进，确保采购物资按时保质保量低价送达。具体职责如下：负责收集供应商资料；负责编制采购计划；负责日常采购谈判；负责签订采购合同；负责填制采购订单；负责采购过程从订购到交货的全程跟进；负责协助仓储部收货、点货、检货与入库；负责货款申请与支付。

二、任务描述

采购员要明确自己的岗位职责，认真阅读交接资料，熟悉采购流程，收集供应商资料、建立供应商档案、编制采购计划、进行采购谈判、签订采购合同，填写采购订单和采购合同执行情况表，传递采购订单到不同部门，协助仓储部入库（采购到货）、负责采购货款申请与支付、参加部门工作会议。

三、线上操作

为了完成相应任务，了解采购流程及采购合同的执行情况，采购员需要进入 VBSE 系统，来解读期初数据，进行期初建账。具体操作如下。

（1）输入用户名和密码进入系统，如图 4-68 所示。

图 4-68　输入用户名和密码（任务十二）

（2）单击任务中心的任务，进入流程界面，如图 4-69 所示。

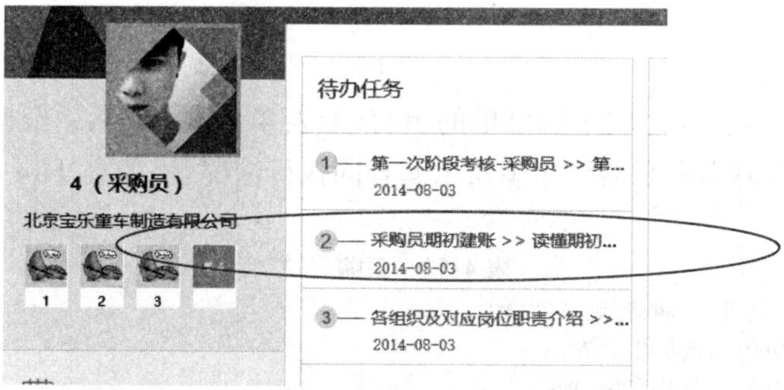

图 4-69　单击任务中心的任务（任务十二）

（3）依据流程界面所列任务，先进行任务说明学习，如图 4-70 所示。

（4）再学习业务资料，如图 4-71 所示。

（5）依据业务流程依次完成任务，如图 4-72、4-73 所示。

图 4-70 任务说明(任务十二)

图 4-71 业务资料(任务十二)

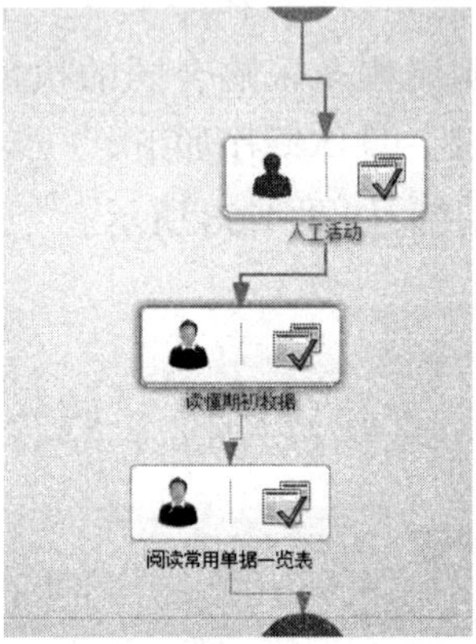

图 4-72 任务流程(任务十二)

任务编码	任务名称	执行角色	执行人	任务类型
KP002045-2-001	读懂期初数据	采购员	4	手工操作
KP002045-2-002	阅读常用单据一览表	采购员	4	手工操作

图 4-73 依次完成任务

四、线下解读

采购员根据采购合同完成采购订单的填写,如表 4-13 所示;然后根据采购订单每联的存属关系进行传递,并根据采购订单填写采购合同执行情况表,如表 4-14 所示:

表 4-13 采购订单

供应商名称:邦尼工贸有限公司　　采购类别:正常采购

合同编号::CG-HT-201107001 付款方式:月结

制单日期:2011-08-08 订单编号:CG-DD-201108001

序号	品名	规格	单位	到货时间	数量	单价	折扣率	金额小计
1	钢管	φ外 16/φ内 11/L5 000 mm	根	2011-09-08	5 000	70.2	0	351 000.00
2	——	——						
3	——	——						
金额合计	(大写):叁拾伍万壹仟元整					(小写):351 000.00		
备注								

第一联采购部留存

采购部经理:李斌　采购员:付海生

表 4-14　采购合同执行情况表

制表部门:采购部

合同编号	CG-HT-201107001
合同总数	30 000
订单编号	CG-DD-201108001
供应商名称	邦尼
物料编号	B0001
物料名称	钢管
计量单位	根
订货日期	2011/08/08
订货数量	5 000
单价 / 元	70.20
总金额 / 元	351 000
计划交期	2011/09/01
计划付款	2011/10/08
已到数量	5 000
入库数量	5 000
不合格数量	0
到货日期	2011/09/01
应付金额 / 元	351 000
已付金额 / 元	
实际付款 / 元	
开票情况	已开
开票时间	2011/09/01
备注	

任务十三　人力资源部经理对企业组织结构的认知及期初建账

一、岗位职责

人力资源部经理负责制定公司人力资源管理制度;负责制订招聘计划,组织技能考核鉴定;负责制订培训计划,组织培训实施;负责人力资源支出预算的编制及成本控制;负责组织公司人员招聘活动;负责人事材料及报表的检查、监督;负责组织制定公司绩效考核体系,定期进行员工考核;负责本部门员工绩效管理;负责上级领导交办的其他临时性工作。

二、任务描述

人力资源部经理要明确自己的岗位职责,认真阅读交接资料,解读企业的组织结构和人员设置情况,熟悉员工业绩与绩效考核数据,明确各种薪酬表格及填制要求,制定管理制度、制订招聘计划、制订培训计划、制定预算、组织招聘、人事资料检查、起草考勤制度、设计公司考勤表。

三、线上操作

为了完成相应任务,了解人员管理及薪酬分配情况,人力资源部经理需要进入 VBSE 系统,来解读期初数据,进行期初建账。具体操作如下。

(1)输入用户名和密码进入系统,如图 4-74 所示。

图 4-74 输入用户名和密码(任务十三)

(2)单击任务中心的任务,进入流程界面,如图 4-75 所示。

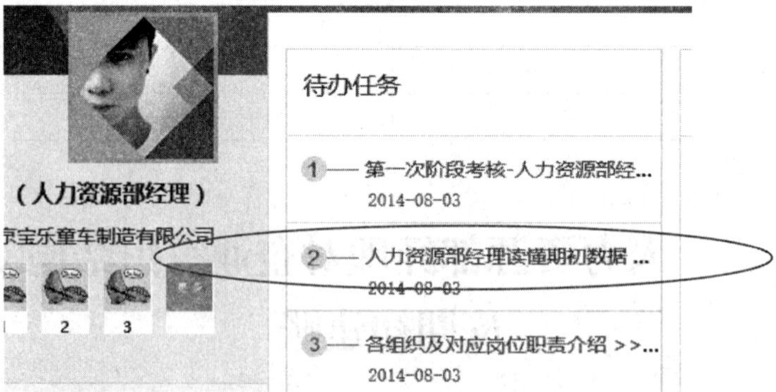

图 4-75 单击任务中心的任务(任务十三)

(3)依据流程界面所列任务,先进行任务说明学习,如图 4-76 所示。

(4)再学习业务资料,如图 4-77 所示。

图 4-76 任务说明（任务十三）

图 4-77 业务资料（任务十三）

（5）依据业务流程依次完成任务，如图 4-78、4-79 所示。

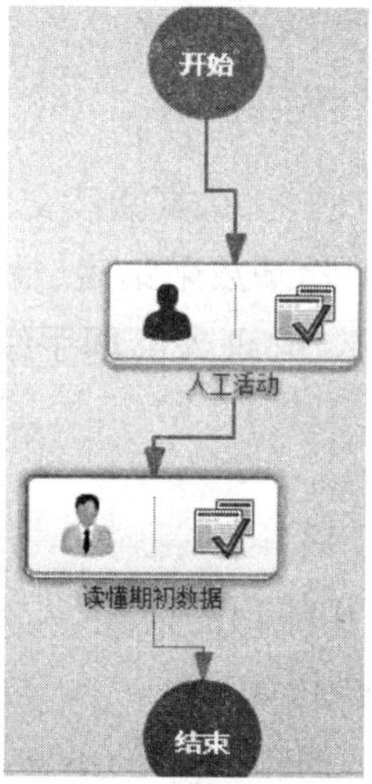

图 4-78 任务流程（任务十三）

任务编码	任务名称	执行角色	执行人	任务类型
KP002047-2-001	读懂期初数据	人力资源部经理	15	手工操作

图 4-79 依次完成任务（任务十三）

四、线下解读

宝乐童车制造厂人力资源部经理，明确将公司分为 4 个管理层次、7 个部门、2 个车间。总经理对董事会负责并可以对企业管理部、人力资源部、财务部、采购部、仓储部、生产计划部、营销部下达命令或指挥。截至 2011 年 9 月 30 日，宝乐童车制造厂有在岗管理人员 18 人、加工车间人员 20 人、组装车间人员 20 人。人力资源部经理用 Word 软件起草考勤制度一份，设计公司考勤表（自行设计），并打印。

任务十四　人力资源助理对企业的认知及期初建账

一、岗位职责

人力资源助理负责招聘渠道的管理与维护，发布招聘信息；负责筛选应聘简历、预约人员安排面试，跟进面试流程；负责员工入职、调动、离职等手续办理；负责员工档案管理；负责劳动合同管理；负责培训实施；负责人事资料的实时更新与维护；负责公司员工考勤管理；负责公司全员薪资核算与发放；负责办理社会保险、住房公积金缴纳等相关手续；负责上级领导交办的其他临时性工作。

二、任务描述

人力资源助理要明确自己的岗位职责，认真阅读交接资料，根据已有信息制作在职人员信息表，负责填写人事登记表、社会保险基数采集表、社会保险缴费月报表和五险一金核算表，同时负责发布招聘信息、安排面试、办理入离职手续、管理员工档案、管理合同、实施培训、负责日常考勤及薪资核算与发放。

三、线上操作

为了完成相应任务，了解人事工作流程的情况，人力资源助理需要进入 VBSE 系统，来解读期初数据，进行期初建账。具体操作如下。

（1）输入用户名和密码进入系统，如图 4-80 所示。

图 4-80　输入用户名和密码（任务十四）

（2）单击任务中心的任务，进入流程界面，如图 4-81 所示。

（3）依据流程界面所列任务，先进行任务说明学习，如图 4-82 所示。

（4）再学习业务资料，如图 4-83 所示。

（5）依据业务流程依次完成任务，如图 4-84、4-85 所示。

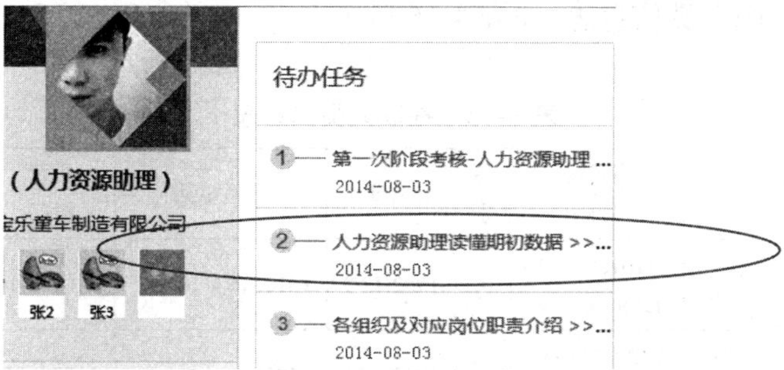

图 4-81　单击任务中心的任务（任务十四）

图 4-82　任务说明（任务十四）

图 4-83　业务资料（任务十四）

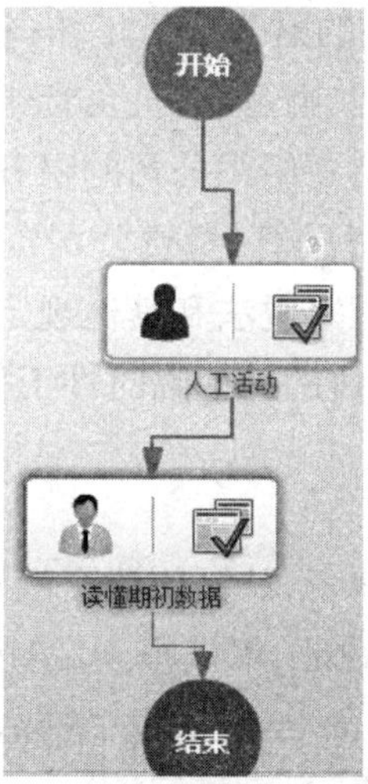

图 4-84　任务流程（任务十四）

任务编码	任务名称	执行角色	执行人	任务类型
CF002048-2-001	读懂期初数据	人力资源助理	张6	手工操作

图 4-85　依次完成任务（任务十四）

四、线下解读

宝乐童车制造厂人力资源助理，需依据线上操作流程中子任务的顺序，完成各项任务，用 excel 软件制作在职人员信息表,如表 4-15 所示。

表 4-15 在职人员信息表

姓名	员工编号	部门	职位	身份证号码	性别	出生日期	联系电话	入司时间	是否试用期	劳动合同期限
梁天	1	企业管理部	总经理	110105198212099×××	男	1982/12/9	1319816××××	2010-1-1	否	2010-1-1—2013-12-31
叶瑛	2	企业管理部	行政助理	120201196204117×××	女	1962/4/11	1592098××××	2010-9-20	否	2010-9-20—2014-1-19
张万军	3	人力资源部	人力资源部经理	211432199107316×××	男	1991/7/31	1510987××××	2011-1-13	否	2011-1-13—2014-1-12

任务十五　财务部经理对企业财务的认知及期初建账

一、岗位职责

财务部经理负责制定、解释、解答公司的财务管理规章制度;负责制定各级会计科目;负责组织日常财务核算;负责组织企业的财务分析工作;负责审核公司各项财务收支、资金结算事项;负责审核记账凭证、会计报表、财务报告;负责组织公司固定资产、存货、库存现金等的盘点工作;组织期末结算与决算;负责组织公司的财务预算工作,包括预算体系建设、资金收支、利润预算等;负责编制部门财务预算;负责公司资金管理、筹资管理,编制资金使用计划等;负责保证按时纳税,负责按照国家税法和其他规定,严格审查应交税金,督促有关岗位人员及时办理手续;负责上级领导交付的其他临时性工作。

二、任务描述

财务部经理要明确自己的岗位职责,认真阅读交接资料,制定管理制度、制定会计科目、组织财务分析、编制财务报告、审核凭证、审核报表、组织资产盘点、组织期末结算与预算管理、筹集资金、审批日常资金、管理印章、组织纳税,掌握企业财务状况、经营成果以及财务制度,依据已有期初资料,开设总账账簿。

三、线上操作

为了完成相应任务,熟知财务情况,财务部经理需要进入 VBSE 系统,来解读期初数据,进行期初建账。具体操作如下。

(1)输入用户名和密码进入系统,如图 4-86 所示。

图 4-86 输入用户名和密码(任务十五)

(2)单击任务中心的任务,进入流程界面,如图 4-87 所示。

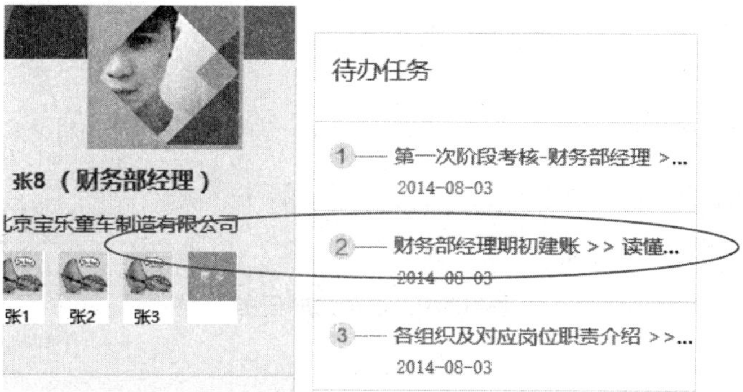

图 4-87 单击任务中心的任务(任务十五)

(3)依据流程界面所列任务,先进行任务说明学习,如图 4-88 所示。
(4)再学习业务资料,如图 4-89 所示。

图 4-88 任务说明(任务十五)

图 4-89 业务资料(任务十五)

(5)依据业务流程依次完成任务,如图 4-90、4-91 所示。

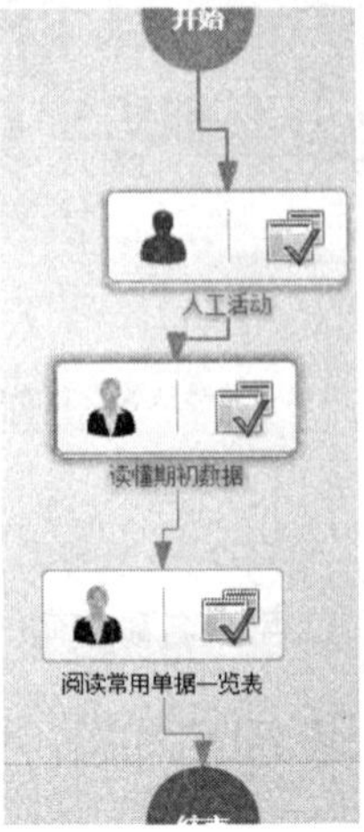

图 4-90　任务流程(任务十五)

任务编码	任务名称	执行角色	执行人	任务类型
KP002049-2-001	读懂期初数据	财务部经理	张8	手工操作
KP002049-2-002	阅读常用单据一览表	财务部经理	张8	手工操作

图 4-91　依次完成任务

四、线下解读

宝乐童车制造厂财务部经理,需依据线上操作流程中子任务的顺序,与任务相关人员一起完成总账的启用和建账。(部分填写样例如表 4-16、4-17、4-18、4-19、4-20 所示)。

表 4-16　账簿启用页填制样例

经管人员一览表

单位名称		宝乐童车制造厂			
账簿名称		总账			
账簿页数		100页			
使用日期		2011.10.01			
单位领导签章		蒋天	会计主管签章 钱坤		
经管人员职别	姓名	经管或接管日期	签章	移交日期	签章
财务部经理	钱坤	2011年10月01日	钱坤	年 月 日	
		年 月 日		年 月 日	
		年 月 日		年 月 日	
		年 月 日		年 月 日	
		年 月 日		年 月 日	
		年 月 日		年 月 日	
		年 月 日		年 月 日	

表 4-17　总账填制样例 1

现金总账

第 1 页

2011 年		凭证		摘要	对方科目	借方												贷方								借或贷			余额							
月	日	字	号数			千	百	十	万	千	百	十	元	角	分	千	百	十	万	千	百	十	元	角	分		千	百	十	万	千	百	十	元	角	分
10	1			结转上年																						借				2	0	0	0	0	0	0

表 4-18　总账填制样例 2

银行存款总账

第 1 页

2011 年		凭证		摘要	对方科目	借方												贷方								借或贷			余额							
月	日	字	号数			千	百	十	万	千	百	十	元	角	分	千	百	十	万	千	百	十	元	角	分		千	百	十	万	千	百	十	元	角	分
10	1			结转上年																						借		2	4	8	0	0	0	0	0	0

表 4-19　总账填制样例 3

应收账款总账

第 1 页

2011 年		凭证		摘要	对方科目	借方												贷方								借或贷			余额							
月	日	字	号数			千	百	十	万	千	百	十	元	角	分	千	百	十	万	千	百	十	元	角	分		千	百	十	万	千	百	十	元	角	分
10	1			结转上年																						借		2	8	0	8	0	0	0	0	0

表 4-20　总账填制样例 4

原材料总账

第 1 页

2011 年		凭证		摘要	对方	借方										贷方										借或贷	余额									
月	日	字	号数		科目	千	百	十	万	千	百	十	元	角	分	千	百	十	万	千	百	十	元	角	分		千	百	十	万	千	百	十	元	角	分
10	1			结转上年																						借		1	4	5	0	0	0	0	0	0

财务部经理在进行期初建账时，需将余额表中各个账户逐一进行总账的期初建账。

任务十六　出纳对财务的认知及期初建账

一、岗位职责

出纳负责办理银行账户的开立、变更和撤销业务；负责办理现金收支业务，做到账款相符，确保现金的安全；负责办理银行收支业务；负责定期与银行对账，编制银行余额调节表；负责支票管理；负责保管库存现金、有价证券、重要空白凭证、印章等；负责登记现金日记账和银行存款日记账；编制资金报表，按月装订并定期归档；完成领导交付的其他各项临时工作。

二、任务描述

出纳要明确自己的岗位职责，认真阅读交接资料，启用现金日记账和银行存款日记账，并进行期初建账，同时购买发票，购买支票，管理支票，收支现金，负责转账付款，银行收款，现金管理，管理印章，登记现金日记账，登记银行存款日记账，编制资金报表，完成银行贷款，发放薪资。

三、线上操作

为了完成相应任务，了解日记账的操作，出纳需要进入 VBSE 系统，来解读期初数据，进行期初建账。具体操作如下。

（1）输入用户名和密码进入系统，如图 4-92 所示。

图 4-92　输入用户名和密码(任务十六)

(2)单击任务中心的任务,进入流程界面,如图 4-93 所示。

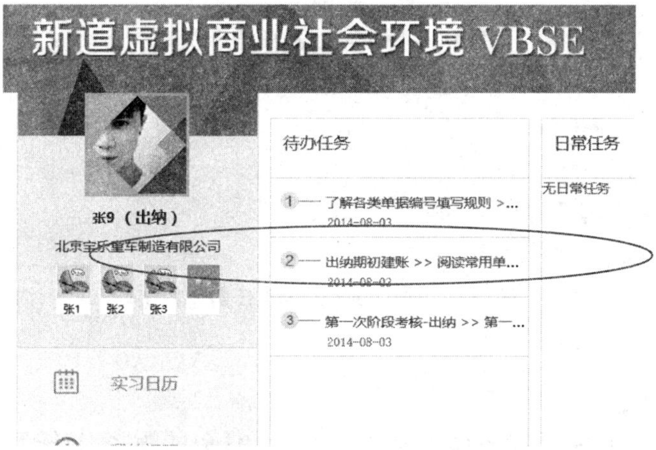

图 4-93　单击任务中心的任务(任务十六)

(3)依据流程界面所列任务,先进行任务说明学习,如图 4-94 所示。
(4)再学习业务资料,如图 4-95 所示。

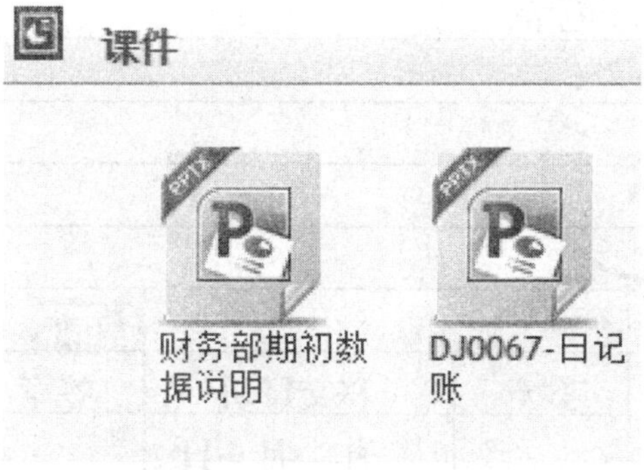

图 4-94　任务说明(任务十六)

图 4-95　业务资料(任务十六)

(5)依据业务流程依次完成任务,如图 4-96、4-97 所示。

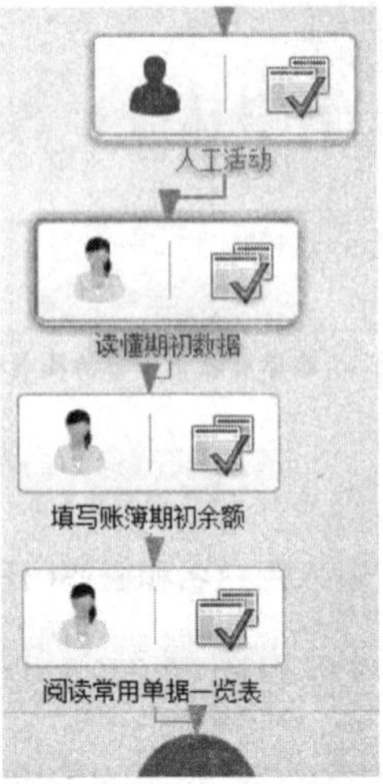

图 4-96　任务流程(任务十六)

任务编码	任务名称	执行角色	执行人	任务类型
KF002050-2-001	读懂期初数据	出纳	张9	手工操作
KF002050-2-002	填写账簿期初余额	出纳	张9	手工操作
KF002050-2-003	阅读常用单据一览表	出纳	张9	手工操作

图 4-97　依次完成任务(任务十六)

四、线下解读

宝乐童车制造厂出纳,需依据线上操作流程中子任务的顺序,与任务相关人员一起完成现金和银行存款日记账的启用和建账,具体操作参照表 4-21、4-22 所示。

表 4-21　账簿启用页填制样例

经管人员一览表

单位名称		宝乐童车制造厂			
账簿名称		现金日记账			
账簿页数					
使用日期		2011.10.01			
单位领导签章		郝天	会计主管签章		钱坤
经管人员职别	姓名	经管或接管日期	签章	移交日期	签章
出纳	赵丹	2011年10月01日		年　月　日	
		年　月　日		年　月　日	
		年　月　日		年　月　日	
		年　月　日		年　月　日	

表 4-22　日记账填制样例

<u>现金日记账</u>

第 1 页

2011	年	凭证		摘要	对方	借方												贷方								借或贷			余额							
月	日	字	号数		科目	千	百	十	万	千	百	十	元	角	分	千	百	十	万	千	百	十	元	角	分		千	百	十	万	千	百	十	元	角	分
10	1			结转上年																						借				2	0	0	0	0	0	0

任务十七　财务会计对企业的认知及期初建账

一、岗位职责

财务会计负责启用公司账簿；根据制度要求开设相关总分类账户、明细分类账户；负责审核和填制原始凭证，编制记账凭证；负责审核相关记账凭证；负责登记有关总分类账簿和明细分类账簿；负责定期进行对账工作；负责做好期末业务处理；负责编制财务报表；负责纳税申报；负责做好会计资料的整理及保管工作；负责上级领导交付的其他临时性工作。

二、任务描述

财务会计要明确自己的岗位职责，认真阅读交接资料，检查实训装备，明确任务责任，启用账簿、开设账户，填写账簿启用页，填制和审核原始凭证，编制记账凭证，审核相关凭证，并根据科目余额表逐一登记对应明细分类账，负责对账、期末处理、编制财务报表、纳税申报、会计资料整理与保管等工作。

三、线上操作

为了完成相应任务，了解财务的情况，财务会计需要进入 VBSE 系统，来解读期初数据，进行期初建账。具体操作如下。

（1）输入用户名和密码进入系统，如图 4-98 所示。

（2）单击任务中心的任务，进入流程界面，如图 4-99 所示。

（3）依据流程界面所列任务，先进行任务说明学习，如图 4-100 所示。

（4）再学习业务资料，如图 4-101 所示。

图 4-98　输入用户名和密码(任务十七)

图 4-99　单击任务中心的任务(任务十七)

图 4-100　任务说明(任务十七)

图 4-101　业务资料(任务十七)

(5)依据业务流程依次完成任务，如图 4-102、4-103 所示。

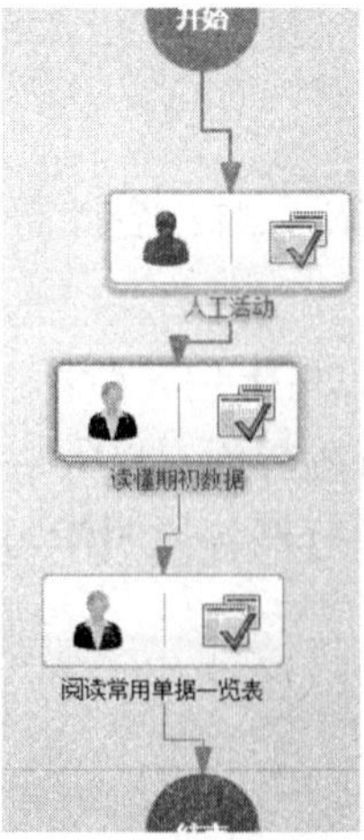

图 4-102　任务流程(任务十七)

任务编码	任务名称	执行角色	执行人	任务:
KP002051-2-001	读懂期初数据	财务会计	张11	手工提
KP002051-2-002	填写账簿期初余额	财务会计	张11	手工提
KP002051-2-003	阅读常用单据一览表	财务会计	张11	手工提

图 4-103　依次完成任务

四、线下解读

宝乐童车制造厂财务会计，需依据线上操作流程中子任务的顺序，与任务相关人员一起完成相关明细账的启用和建账。整个过程中，宝乐童车制造厂财务会计要学会启用账簿，学会依据期初科目余额登记三栏式和多栏式明细账。（部分填写样例如表 4-23、4-24、4-25 所示）。

表 4-23　账簿启用页填制样例

经管人员一览表

单位名称	宝乐童车制造厂				
账簿名称	三栏式明细账				
账簿页数					
使用日期	2011.10.01				
单位领导签章		[illegible]	会计主管签章		钱坤
经管人员职别	姓名	经管或接管日期	签章	移交日期	签章
财务会计	朱中华	2011年10月01日		年　月　日	
		年　月　日		年　月　日	
		年　月　日		年　月　日	
		年　月　日		年　月　日	
		年　月　日		年　月　日	

表 4-24　应收账款明细账填制样例 1

应收账款明细账

二级科目名称：旭日贸易公司

2011	年	凭证		摘要	借方										贷方										借或贷	余额										记账
月	日	种类	号数		千	百	十	万	千	百	十	元	角	分	千	百	十	万	千	百	十	元	角	分		千	百	十	万	千	百	十	元	角	分	
10	1			上月结转																					借			7	0	2	0	0	0	0	0	

表 4-25 应收账款明细账填制样例 2

应收账款明细账

二级科目名称：华晨商贸城

2011	年	凭证		摘要	借方										贷方										借或贷	余额										记账
月	日	种类	号数		千	百	十	万	千	百	十	元	角	分	千	百	十	万	千	百	十	元	角	分		千	百	十	万	千	百	十	元	角	分	
10	1			上月结转																					借			7	0	2	0	0	0	0	0	

任务十八 成本会计对财务的认知及期初建账

一、岗位职责

成本会计负责制定成本控制规章制度；负责编制生产成本预算；负责材料入库和领用的审核和记账工作；负责库存商品入库和出库的审核和登记工作；协助仓储部门做好存货的清查盘点和结构分析；负责存货核算；负责薪资的核算与分配；负责固定资产的核算与管理；负责制造费用的核算与分配；负责生产成本、销售成本的核算；负责编制成本费用报表并进行分析；负责上级领导交付的其他临时性工作。

二、任务描述

成本会计要明确自己的岗位职责，认真阅读交接资料，具体任务包括：启用成本相关的明细分类账，填写账簿启用页，制定成本制度，编制生产成本预算，负责材料入库记账、材料领用记账、库存商品入库记账、库存商品领用记账、存货核算、薪资核算与分配、固定资产核算与管理、制造费用核算与分配、产品成本计算、产品销售成本计算，编制成本费用报表，进行成本报表分析。

三、线上操作

为了完成相应任务，了解财务的情况，成本会计需要进入 VBSE 系统，来解读期初数据，进行期初建账。具体操作如下。

（1）输入用户名和密码进入系统，如图 4-104 所示。

图 4-104　输入用户名和密码(任务十八)

(2)单击任务中心的任务,进入流程界面,如图 4-105 所示。

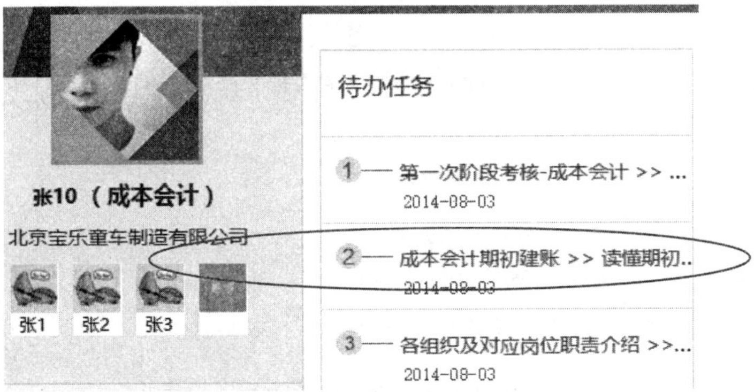

图 4-105　单击任务中心的任务(任务十八)

(3)依据流程界面所列任务,先进行任务说明学习,如图 4-106 所示。

(4)再学习业务资料,如图 4-107 所示。

(5)依据业务流程依次完成任务,如图 4-108、4-109 所示。

图 4-106　任务说明(任务十八)

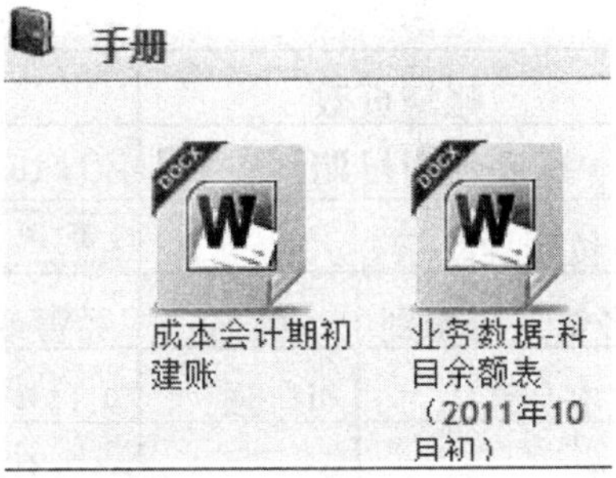

图 4-107　业务资料(任务十八)

四、线下解读

宝乐童车制造厂成本会计,需依据线上操作流程中子任务的顺序,与任务相关人员一起完成相关明细账的启用和建账。整个过程中,宝乐童车制造厂成本会计要学会启用账簿,学会依据期初科目余额登记数量金额式和多栏式明细账。(部分填写样例如表 4-26、4-27、4-28 所示)

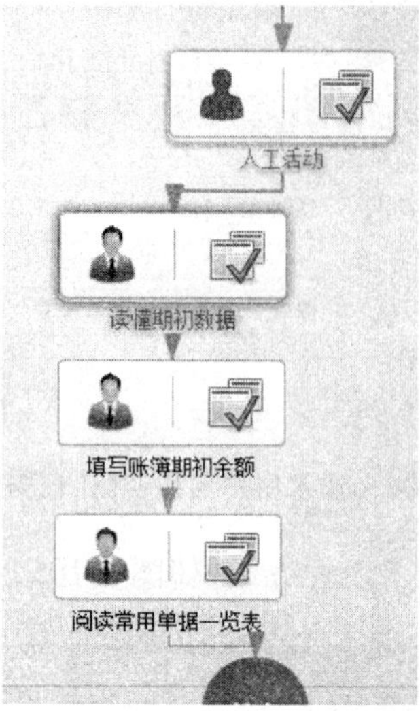

图 4-108 任务流程

任务编码	任务名称	执行角色
KF002052-2-001	读懂期初数据	成本会计
KF002052-2-002	填写账簿期初余额	成本会计
KF002052-2-003	阅读常用单据一览表	成本会计

图 4-109 依次完成任务

表 4-26 账簿启用页填制样

经管人员一览表

单位名称		宝乐童车制造			
账簿名称		数量金额明细账			
账簿页数					
使用日期		2011. 10. 01			
单位领导签章		[illegible]	会计主管签章		钱坤
经管人员职别	姓名	经管或接管日期	签章	移交日期	签章
成本会计	刘自强	2011年10月01日	刘自强	年 月 日	
		年 月 日		年 月 日	
		年 月 日		年 月 日	
		年 月 日		年 月 日	
		年 月 日		年 月 日	
		年 月 日		年 月 日	
		年 月 日		年 月 日	

表 4-27 原材料明细账填制样例 1

最高存量最低存量钢管——原材料明细账

储存地点 A01 计量单位根规格 φ 外 16/φ 内 11/L5 000 mm 类别 原材料 货号 B0001

<table>
<tr><th colspan="2" rowspan="2">2011年</th><th rowspan="3">凭证号数</th><th rowspan="3">摘要</th><th colspan="10">收入</th><th colspan="10">发出</th><th colspan="10">结存</th><th rowspan="3">稽核</th></tr>
<tr><th rowspan="2">数量</th><th rowspan="2">单价</th><th colspan="8">金额</th><th rowspan="2">数量</th><th rowspan="2">单价</th><th colspan="8">金额</th><th rowspan="2">数量</th><th rowspan="2">单价</th><th colspan="8">金额</th></tr>
<tr><th>月</th><th>日</th><th>十</th><th>万</th><th>千</th><th>百</th><th>十</th><th>元</th><th>角</th><th>分</th><th>十</th><th>万</th><th>千</th><th>百</th><th>十</th><th>元</th><th>角</th><th>分</th><th>十</th><th>万</th><th>千</th><th>百</th><th>十</th><th>元</th><th>角</th><th>分</th></tr>
<tr><td>10</td><td>1</td><td></td><td>上月结转</td><td></td><td></td><td></td><td></td><td></td><td></td><td></td><td></td><td></td><td></td><td></td><td></td><td></td><td></td><td></td><td></td><td></td><td></td><td></td><td></td><td>5 000</td><td>60.00</td><td>3</td><td>0</td><td>0</td><td>0</td><td>0</td><td>0</td><td>0</td><td>0</td><td></td></tr>
<tr><td></td><td></td><td></td><td></td><td></td><td></td><td></td><td></td><td></td><td></td><td></td><td></td><td></td><td></td><td></td><td></td><td></td><td></td><td></td><td></td><td></td><td></td><td></td><td></td><td></td><td></td><td></td><td></td><td></td><td></td><td></td><td></td><td></td><td></td><td></td></tr>
<tr><td></td><td></td><td></td><td></td><td></td><td></td><td></td><td></td><td></td><td></td><td></td><td></td><td></td><td></td><td></td><td></td><td></td><td></td><td></td><td></td><td></td><td></td><td></td><td></td><td></td><td></td><td></td><td></td><td></td><td></td><td></td><td></td><td></td><td></td><td></td></tr>
<tr><td></td><td></td><td></td><td></td><td></td><td></td><td></td><td></td><td></td><td></td><td></td><td></td><td></td><td></td><td></td><td></td><td></td><td></td><td></td><td></td><td></td><td></td><td></td><td></td><td></td><td></td><td></td><td></td><td></td><td></td><td></td><td></td><td></td><td></td><td></td></tr>
<tr><td></td><td></td><td></td><td></td><td></td><td></td><td></td><td></td><td></td><td></td><td></td><td></td><td></td><td></td><td></td><td></td><td></td><td></td><td></td><td></td><td></td><td></td><td></td><td></td><td></td><td></td><td></td><td></td><td></td><td></td><td></td><td></td><td></td><td></td><td></td></tr>
</table>

表 4-28 原材料明细账填制样例 2

最高存量最低存量坐垫——原材料明细账

储存地点 A02 计量单位个规格 HJM500 类别 原材料 货号 B0003

<table>
<tr><th colspan="2" rowspan="2">2011年</th><th rowspan="3">凭证号数</th><th rowspan="3">摘要</th><th colspan="10">收入</th><th colspan="10">发出</th><th colspan="10">结存</th><th rowspan="3">稽核</th></tr>
<tr><th rowspan="2">数量</th><th rowspan="2">单价</th><th colspan="8">金额</th><th rowspan="2">数量</th><th rowspan="2">单价</th><th colspan="8">金额</th><th rowspan="2">数量</th><th rowspan="2">单价</th><th colspan="8">金额</th></tr>
<tr><th>月</th><th>日</th><th>十</th><th>万</th><th>千</th><th>百</th><th>十</th><th>元</th><th>角</th><th>分</th><th>十</th><th>万</th><th>千</th><th>百</th><th>十</th><th>元</th><th>角</th><th>分</th><th>十</th><th>万</th><th>千</th><th>百</th><th>十</th><th>元</th><th>角</th><th>分</th></tr>
<tr><td>10</td><td>1</td><td></td><td>上月结转</td><td></td><td></td><td></td><td></td><td></td><td></td><td></td><td></td><td></td><td></td><td></td><td></td><td></td><td></td><td></td><td></td><td></td><td></td><td></td><td></td><td>5 000</td><td>50.00</td><td>2</td><td>5</td><td>0</td><td>0</td><td>0</td><td>0</td><td>0</td><td>0</td><td></td></tr>
<tr><td></td><td></td><td></td><td></td><td></td><td></td><td></td><td></td><td></td><td></td><td></td><td></td><td></td><td></td><td></td><td></td><td></td><td></td><td></td><td></td><td></td><td></td><td></td><td></td><td></td><td></td><td></td><td></td><td></td><td></td><td></td><td></td><td></td><td></td><td></td></tr>
<tr><td></td><td></td><td></td><td></td><td></td><td></td><td></td><td></td><td></td><td></td><td></td><td></td><td></td><td></td><td></td><td></td><td></td><td></td><td></td><td></td><td></td><td></td><td></td><td></td><td></td><td></td><td></td><td></td><td></td><td></td><td></td><td></td><td></td><td></td><td></td></tr>
<tr><td></td><td></td><td></td><td></td><td></td><td></td><td></td><td></td><td></td><td></td><td></td><td></td><td></td><td></td><td></td><td></td><td></td><td></td><td></td><td></td><td></td><td></td><td></td><td></td><td></td><td></td><td></td><td></td><td></td><td></td><td></td><td></td><td></td><td></td><td></td></tr>
<tr><td></td><td></td><td></td><td></td><td></td><td></td><td></td><td></td><td></td><td></td><td></td><td></td><td></td><td></td><td></td><td></td><td></td><td></td><td></td><td></td><td></td><td></td><td></td><td></td><td></td><td></td><td></td><td></td><td></td><td></td><td></td><td></td><td></td><td></td><td></td></tr>
</table>